E.T.A. Hoffmann

Der goldne Topf

von Lorenz Varga

STARK

Bildnachweis

Umschlag: © MangAllyPop@ER – Fotolia.com

S. 3: Selbstporträt von E.T.A. Hoffmann

S. 5: © dpa

S. 6: bpk

S. 8: Zeichnung von Callot

S. 13: ullstein bild – imageBROKER / Denis Meyer

S. 18, 19, 23, 28, 29: Illustrationen von Karl Thylmann

S. 35: Zeichnung von E.T.A. Hoffmann

S. 49, 53, 58, 60: Fotografie: Eva Jüde-Löffler

S. 51, 55, 78: Verena Huhle: Kostümbild/Szenenbild/Maskenbild. Verena Müller: Fotografie

S. 65: david baltzer/bildbuehne.de

S. 68: Gemälde von Joseph Wright of Derby

S. 71: Gemälde von Lucas Cranach dem Älteren

S. 81: Stich von William Hogarth

© 2019 Stark Verlag GmbH

www.stark-verlag.de

1. Auflage 2018

Inhalt

Autor: Lorenz Varga

Vorwort

Liebe Schülerin, lieber Schüler,

welche bösen Mächte unter der Oberfläche des gediegenen Bürgers schlummern, das wusste E.T.A. Hoffmann nur zu gut. Zeitlebens kämpfte in ihm der Bürger mit dem Künstler und umgekehrt. Im *goldnen Topf* betrachtet Hoffmann dieses Thema aus den verschiedensten Blickwinkeln. Herausgekommen ist eines der wunderbarsten Werke der Romantik, ja der deutschen Literatur überhaupt. Diese Interpretationshilfe soll Ihnen dabei helfen, die zentralen Aspekte und die Hintergründe des *Märchens aus der neuen Zeit* zu verstehen. Auf dieser Basis wird Ihnen ein ganz persönlicher Zugang zum *goldnen Topf* eröffnet, der es Ihnen ermöglichen wird, die Kernaussagen auf unsere heutige Zeit zu übertragen.

Der Band enthält zu Beginn Informationen zum **Leben E.T.A. Hoffmanns**. Zudem erfahren Sie etwas darüber, welche Quellen Hoffmann benutzt hat und wie der Text entstanden ist. Dem schließt sich eine ausführliche **Inhaltsangabe** an. Der Hauptteil beschäftigt sich zunächst mit dem *goldnen Topf* als **Märchen der Romantik**. Es folgt eine Betrachtung des **Aufbaus** und der wichtigsten **Figuren**. Anschließend werden zentrale **Aspekte und Motive** erläutert und es wird die **sprachliche Gestaltung** unter die Lupe genommen, bevor zwei ausgewählte Textstellen exemplarisch interpretiert werden. Zum Abschluss gibt diese Interpretationshilfe einen Überblick über Rezeption und **Wirkungsgeschichte** des *goldnen Topfes*. Zur Vertiefung einzelner Aspekte finden Sie am Ende eine kommentierte Leseliste sowie ein **Glossar** zu zentralen Themen der Romantik.

Lorenz Varga

Lorenz Varga

Einführung

„Ich schreibe keinen *Goldnen Topf* mehr!" Das teilt E.T.A. Hoffmann am 30. August 1816 seinem Freund Theodor Gottlieb von Hippel in einem Brief mit. Das Bemerkenswerte hieran ist nicht die Einschätzung seines künftigen literarischen Vermögens, die aus literaturwissenschaftlicher Sicht eine große Fehleinschätzung darstellt. Herausragende Werke wie *Der Sandmann* oder *Prinzessin Brambilla* sollten erst noch folgen. Bemerkenswert ist der Stellenwert, den Hoffmann dem *goldnen Topf* beimisst. Er selbst spürte, welch herausragendes Werk ihm da gelungen war. Es war das Werk, das ihm endgültig den literarischen Durchbruch brachte, und es war das Werk, das meist auch bei seinen ärgsten Kritikern auf positive Resonanz stieß. Ganz zu Recht gilt *Der goldne Topf* heute als eines der zentralen Werke der Romantik. Hoffmann machte – ein knappes Jahrhundert vor Sigmund Freud (1856–1939) – **psychische Prozesse** sowie das **Unbewusste** zum Gegenstand seines Schreibens. Er brach mit der aufklärerischen Vorstellung, dass der gut gebildete und aufgeklärte Mensch sich aufgrund seines **freien Willens** die immer komplexer werdende Welt aneignen könne. Vor diesem Hintergrund reflektiert er im *goldnen Topf* die **Bedeutung künstlerischen Schaffens** in einer dem Menschen **entfremdeten Welt**.

Dieser Entfremdung trägt Hoffmann auch **formal** Rechnung. Im *goldnen Topf* gibt es keine realistische Erzählweise mehr, die die Entwicklungsgeschichte eines Helden chronologisch und kausal-logisch darlegt. Stattdessen finden sich Rückblenden und Perspektivenwechsel. Das hat zur Folge, dass der Status des Gesagten stets unsicher ist: Ist das jetzt wirklich passiert? Handelt es sich um psychische Vorgänge oder reale Fakten? Sind das Halluzinationen? Träume? Vernebelt der Alkohol das Bewusstsein? Oder ist hier vielleicht gar jemand wahnsinnig? Hoffmann hat in seiner Erzählweise eine solche Meisterschaft an den Tag gelegt, dass einem als Leser schwindelig werden kann. Damit weist er aber schon weit voraus, in die **literarische Moderne des 20. Jahrhunderts**. Ja, sogar bis in unsere Gegenwart, in der innere Welt und äußere Wirklichkeit häufig nicht so recht zusammenpassen wollen.

Diese Verbindung von Geschichtlichkeit und Moderne macht den *goldnen Topf* besonders ergiebig. Einerseits kann man anhand des Textes mustergültig die **Kriterien romantischen Erzählens** herausarbeiten sowie den Zusammenhang von **Form und Inhalt** verdeutlichen. Andererseits fordert der Text den Leser geradezu heraus, sich kritisch mit ihm auseinanderzusetzen. Er wirft eine Reihe von Fragen auf – auch die des eigenen Standpunktes –, gibt aber keine einfachen und eindeutigen Lösungen vor. Die wiederholte Lektüre einzelner Textpassagen führt zu immer neuen Entdeckungen und Aha-Effekten. Diese Entdeckungsreise führt schließlich auch zur Reflexion über die Bedeutung von Kunst im 21. Jahrhundert und endet unweigerlich beim Leser selbst, im eigenen Innersten seines Ichs.

Biografie und Entstehungsgeschichte

1 Leben und Werk E.T.A. Hoffmanns

Ja, ja – in meiner ersten Erziehung, zwischen den vier Mauern mir selbst überlassen, liegt der Keim mancher von mir hinterher begangenen Torheit. (E.T.A. Hoffmann)

Aber auch der Keim seiner literarischen Schaffenskraft, seiner Beobachtungsgabe, seiner Ironie und Spottlust, möchte man hinzufügen.

Geboren am 24. Januar 1776 in **Königsberg**, war Ernst Theodor Wilhelm Hoffmann früh auf sich allein gestellt. Der Vater, ein begabter und kreativer Anwalt, doch auch ein launischer Säufer; die Mutter, eine mit sich selbst beschäftigte Hysterikerin, deren größte Sorge war: Was sollen bloß die Leute denken? Beide ließen sich scheiden, als Hoffmann gerade einmal vier Jahre alt war. Der Vater ging mit dem älteren Sohn nach Insterburg, der kleine Theodor blieb bei der Mutter und zog in das großmütterliche Haus, in dem auch noch sein Onkel Otto und seine Tante Sophie lebten. Letztere scheint die Einzige gewesen zu sein, die dem jungen Hoffmann so etwas wie Liebe entgegengebracht hat. Onkel Otto hingegen wird als beschränkter und pedantischer Spießbürger beschrieben – der „o-weh-Onkel". Hoffmann schreibt später in dem Roman *Lebens-Ansichten des Katers Murr:* „Der schlechteste Vater ist noch immer viel besser, als jeder gute Erzieher, [...] denn der Oheim zog oder erzog mich ganz und gar nicht." So, auf sich gestellt, flüchtete er in die Literatur und in die Fantasie. Ein guter Nährboden für seinen zeitlebens mangelnden Respekt gegenüber Autoritäten.

1792 begann Hoffmann ein **Jura-Studium**, das er 1795 abschloss. Es folgte 1796 die Versetzung nach **Glogau**. Zwei Jahre später ging er nach Berlin, wo er 1800 das Examen bestand. Daraufhin wurde er zum Assessor am preußischen Obergericht in **Posen** ernannt. Dort lernte der bereits verlobte Hoffmann Maria Thekla Rorer-Trzynska („**Mischa**") kennen, eine Polin aus einfachen Verhältnissen. 1802 löste er seine Verlobung zu Minna Dörffer auf und heiratete Mischa. Sie sollte ihm zeitlebens duldsam den Rücken freihalten. Im gleichen Jahr brachte Hoffmann Karikaturen über die in Posen stationierten Offiziere in Umlauf. Die Folge: Strafversetzung in das kleine Städtchen **Plock** auf eine unbezahlte Assessor-Stelle. Nach der Arbeit komponierte er unermüdlich und machte sich auch an literarische Arbeiten. 1803, Hoffmann war bereits 27, wurde erstmals ein kleiner Artikel von ihm gedruckt. Auf Drängen seines Jugendfreundes Theodor Gottlieb von Hippel erhielt Hoffmann 1804 seine Ernennung zum **Regierungsrat in Warschau**. Dort machte er die Bekanntschaft von Julius Eduard Hitzig, der nicht nur ein lebenslanger Freund und Berater wurde, sondern auch Hoffmanns erster Biograf. Über Hitzig lernte er die Schriften der Romantiker kennen: Schlegel, Wackenroder, Tieck, Brentano, Novalis und einige mehr. 1805 war Hoffmann Mitbegründer der musikalischen Gesellschaft und dirigierte sogar das Auftaktkonzert. In diesem Jahr tauchte auch erstmals das „Amadeus" in seinem Namen auf, das er sich aus Verehrung für Mozart zulegte. Napoleons Einmarsch Ende des Jahres 1806 beendete Hoffmanns Beamtentätigkeit in Warschau. Es folgte ein **elendiges Jahr in Berlin** mit Hunger, Krankheit und Geldnot.

Das E.T.A. Hoff-
mann-Haus in Bam-
berg mit einem
Denkmal des
Dichters davor.

1808 erhielt Hoffmann die Stelle eines Kapellmeisters am Theater **Bamberg**, die er allerdings aufgrund von Intrigen schnell
wieder verlor. Er begann Musikkritiken zu schreiben und lebte
vor allem von Gesangs- und Musikunterricht. Dabei lernte er
auch die fünfzehnjährige Julia Marc kennen und lieben. Ein hoff-
nungsloses Unterfangen, das in einem Eklat endete. Doch in seinem literarischen Werk sollte sie fortan sehr präsent sein. Überhaupt könnte man die Bamberger Zeit als **Wiege seines literarischen Schaffens** bezeichnen. Während dieser Zeit erschien
seine erste bedeutende Erzählung, *Ritter Gluck* (1809), sowie
einige seiner Prosatexte *Kreisleriana*, deren Protagonist der Kapellmeister Johannes Kreisler ist. Mit ihm hat Hoffmann die
romantische Künstlerfigur schlechthin geschaffen, einen exaltierten Musiker und gesellschaftlichen Außenseiter, stets in
Frontstellung gegen Spießbürgertum und geistige Enge, oft nah
am Wahnsinn. Hoffmann verließ Bamberg im Jahre 1813 gen
Dresden, mit einem Autorenvertrag für die *Fantasiestücke* in der
Tasche. Das Theater in Bamberg trägt heute seinen Namen.

In **Dresden und Leipzig** geriet Hoffmann in die Wirren der
Napoleonischen Kriege. Ebenso chaotisch verlief sein Engage-
ment als Kapellmeister bei Joseph Seconda, dem Direktor des
Leipziger und Dresdner Theaters. In Dresden aber beendete er

den *goldnen Topf* und begann den Roman *Die Elixiere des Teufels*. Als er im Spätsommer des Jahres 1814 nach Berlin zurückkehrte, war Hoffmann kein Unbekannter mehr. Von 1815 an sollte er für ein Jahrzehnt einer der meistgelesenen Autoren Deutschlands sein.

Die Zeit in **Berlin** wurde Hoffmanns produktivste Phase – trotz seiner Tätigkeit als Rat am Kammergericht, trotz seiner zeitlebens angeschlagenen Gesundheit und trotz seiner alkoholschweren Wirtshausbesuche – die Abende mit dem Schauspielgenie Ludwig Devrient in der Weinstube **Lutter und Wegener** waren eine Attraktion. In Berlin entstanden viele seiner Erzählungen, die in die Sammelbände *Nachtstücke* und *Die Serapionsbrüder* aufgenommen wurden, sowie sein zweiter Roman, die *Lebens-Ansichten des Katers Murr*. Eine seiner letzten Erzählungen, *Meister Floh,* geriet zum Skandal. Darin karikiert Hoffmann den Polizeipräsidenten von Kamptz, mit dem er als Mitglied der „**Immediat-Commission zur Ermittlung hochverräterischer Verbindungen**" bereits aneinander geraten war. Dieser strengte ein Disziplinarverfahren gegen Hoffmann an. Die Erzählung wurde beschlagnahmt und konnte nur in zensierter Fassung erscheinen – das unzensierte Original wurde erstmals 1908 veröffentlicht. Das Ende des Verfahrens erlebte Hoffmann nicht mehr, er starb am 25. Juni 1822 an einer Erkrankung des Rückenmarks, die zur vollständigen Lähmung führte.

E.T.A. Hoffmann und Ludwig Devrient beim Weintrinken bei Lutter & Wegner in Berlin

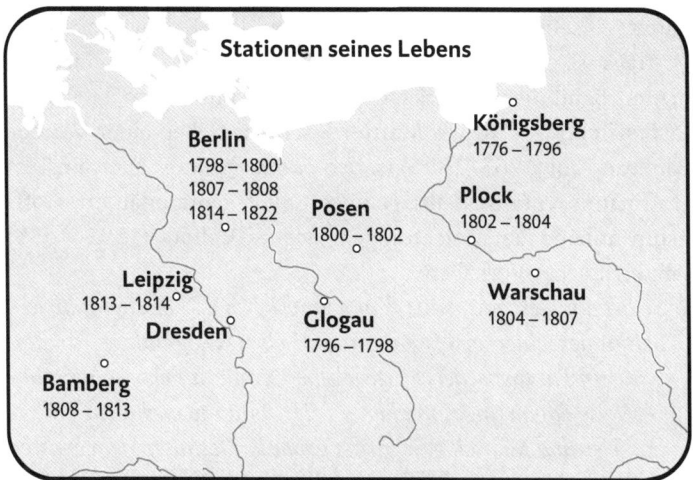

Stationen seines Lebens

Königsberg
1776 – 1796

Berlin
1798 – 1800
1807 – 1808
1814 – 1822

Posen
1800 – 1802

Plock
1802 – 1804

Leipzig
1813 – 1814

Dresden

Glogau
1796 – 1798

Warschau
1804 – 1807

Bamberg
1808 – 1813

Wenngleich Hoffmann sich in aller erster Linie als Musiker sah – seine Oper *Undine* wurde 1816 mit großem Erfolg uraufgeführt –, so erreichte er Originalität und Weltruhm dennoch nur auf dem Gebiet der Literatur. Er war zeit seines Lebens eine **Doppelnatur**: tagsüber der pflichtbewusste Beamte, der stets zur höchsten Zufriedenheit der Vorgesetzten seine Arbeit verrichtete; abends und nachts der trinkfreudige, aber auch enorm produktive Künstler. Dieses Schwanken zwischen bürgerlicher und künstlerischer Sphäre zieht sich wie ein roter Faden durch sein Werk und findet sich besonders im *goldnen Topf* wieder.

2 Entstehungsgeschichte des Märchens

Kurz bevor er sich nach Dresden aufmachte, hatte E.T.A. Hoffmann einen Autoren-Vertrag mit dem Bamberger Verleger Carl Friedrich Kunz geschlossen. Der Vertrag wurde auf Wunsch Hoffmanns auf den 18. März 1813 datiert. Der 18. März ist der Geburtstag der von ihm geliebten Julia Marc. Nach diesem Tag hat er auch seinen Hauptprotagonisten im *goldnen Topf* benannt: Anselmus ist der Kalenderheilige des 18. März. Inhalt des Vertrags ist ein vierbändiges Werk. *Der goldne Topf* bildet den dritten Band dieses Werks, das 1814/15 unter dem Titel **Fantasiestücke in Callot's Manier** erschien. Neben einer Vorrede von Jean Paul (1763–1825) ist den *Fantasiestücken* auch ein Text Hoffmanns vorangestellt: *Jacques Callot*. Dort erläutert Hoffmann anhand der Zeichnungen Jacques Callots (1592–1635) sein poetisches Vorhaben:

> *Selbst das Gemeinste aus dem Alltagsleben [...] erscheint in dem Schimmer einer gewissen romantischen Originalität, so daß das dem Fantastischen hingegebene Gemüt auf eine wunderbare Weise davon angesprochen wird [...] und so enthüllen Callots aus Tier und Mensch geschaffne groteske Gestalten dem ernsten tiefer eindringenden Beschauer, alle die geheimen Andeutungen, die unter dem Schleier der Skurrilität verborgen liegen.*

Neben diesem **poetischen Programm**, das auf den *goldnen Topf* in besonderem Maße zutrifft, verweist der Bezug auf den Zeichner Callot, aber auch auf eine besonders **subjektive Sichtweise** sowie auf die Vereinigung einer Fülle heterogener Gegenstände. Durch den Titel *Fantasiestücke* wird diese Intention einer großen Vielfalt betont. Hier ist

Groteske Figur (Zeichnung von Callot)

nicht nur die schöpferische Einbildungskraft der romantischen Literaten gemeint. Fantasie bezeichnet seit dem 16. Jahrhundert auch ein Musikstück, das meist aus dem Stegreif komponiert wird. Die entsprechende Begriffsverwendung in der Malerei findet sich seit dem Beginn des 19. Jahrhunderts. Es zeigt sich also auch Hoffmanns Bemühen, Literatur, Musik und Malerei in einem **universellen Kunstbegriff** zu vereinen.

In einem Bericht aus dem Jahr 1835 verweist Verleger Kunz auf einen Brief Hoffmanns, aus dem hervorgehe, dass das Märchen *Der goldne Topf* bereits in Bamberg entstanden und die Hauptperson nach einer dortigen realen Person gestaltet sei. Das Original dieses Briefs vom 19. August 1813 enthält diese Hinweise allerdings nicht. Es wäre nicht das erste Mal, dass Kunz etwas erfunden hätte, um seine Beziehung zu Hoffmann intimer erscheinen zu lassen, als sie war. Der Brief selbst gibt aber ein erstes authentisches Zeugnis von der Arbeit am *goldnen Topf*:

Mich beschäftigt die Fortsetzung ungemein, vorzüglich ein Märchen, das beinahe einen Band einnehmen wird. Denken Sie dabei nicht, Bester! an Scheherezade und Tausendundeine Nacht – der Turban und türkische Hosen sind gänzlich verbannt. Feenhaft und wunderbar, aber keck ins gewöhnliche alltägliche Leben tretend und seine Gestalten ergreifend soll das ganze werden. So z. B. ist der Geheime Archivarius Lindhorst ein ungemeiner arger Zauberer, dessen drei Töchter, in grünem Gold glänzende Schlänglein, in Krystallen aufbewahrt werden, aber am H. Dreifaltigkeitstage dürfen sie sich drei Stunden lang im Holunderbusch an „Ampels Garten" sonnen, wo alle Kaffee- und Biergäste vorübergehen. Aber der Jüngling, der im Festtagsrock seine Buttersemmel im Schatten des Busches verzehren wollte, ans morgige Kollegium denkend, wird in unendliche, wahnsinnige Liebe verstrickt für eine der Grünen – er wird aufgeboten – getraut – bekommt zur Mitgift einen goldnen Nachttopf mit Juwelen besetzt. Als er das erste Mal hineinpißt, verwandelt er sich in einen Meerkater usw.

Dieser erste Plan erfährt in den folgenden Monaten noch einige Änderungen. So tritt die possenhafte und derbe Komik etwas in den Hintergrund. Dafür wird die Entwicklung des Jünglings nun auch als eine zum Dichter gezeigt. Der „arge Zauberer" entwickelt sich zum Repräsentanten einer Welt des Wunderbaren schlechthin, dem aber auch eine bürgerliche Welt gegenüber-

gestellt wird. Schließlich bekommt das Märchen eine natur-
philosophisch-mystische Aufladung, die größtenteils Hoffmanns Beschäftigung mit dem Philosophen Gotthilf Heinrich
Schubert (1780–1860) geschuldet ist, dessen Lektüre er in dem
oben genannten Brief ankündigt.

Im Spätsommer 1813, während der kriegerischen Auseinandersetzungen um Dresden, arbeitete Hoffmann intensiv am
goldnen Topf. In einem Brief vom 17. November vermeldete er
seinem Verleger die Fertigstellung. Am 26. November notierte
er in seinem Tagebuch: „Der goldne Topf mit Glück angefangen." Der scheinbare Widerspruch ist schnell gelöst: Die Voll-
zugsmeldung an seinen Verleger bezog sich auf die Vorarbeit im
Kopf, nun begann die eigentliche Niederschrift. Diese ist über
seine Tagebucheintragungen gut zu rekonstruieren und endete
am 4. März 1814. Über Druck und Erscheinungstermin weiß
man hingegen wenig. Wahrscheinlich erschien das Märchen im
November 1814. Bei der zweiten Auflage aus dem Jahre 1819
gab es eine Änderung im Titel. Statt *goldener* Topf hieß es jetzt
goldner Topf. Letztere Schreibweise war lange Zeit die wissen-
schaftlich dominierende. Allerdings ist dies heute umstritten, da
unklar ist, ob die Änderung des Titels nicht vom Verleger Kunz
veranlasst wurde. Hoffmann jedenfalls benutzte beide Formen
des Adjektivs.

3 Quellen

Die folgende Darstellung der Quellen verweist auf einige wenige
offensichtliche Einflüsse. Weder kann hier Vollständigkeit das
Ziel sein, noch lässt sich klären, in welchem Ausmaße Hoffmann diese Quellen (bewusst oder unbewusst) verarbeitet hat.
Bereits die unterschiedlichen Bereiche, aus denen Hoffmann
schöpfte, deuten die Bandbreite seiner Anregungen an: Märchen,
Oper, Literatur, Philosophie, Medizin sowie die eigene Erlebnis-

welt. Bei aller Vielfältigkeit dieser Bezüge sei aber die Eigenständigkeit des *goldnen Topfes* als literarisches Werk betont.

Seit dem 18. Jahrhundert erfreute sich die Gattung des **Märchens**, insbesondere des Feenmärchens, wieder großer Beliebtheit. Ein Topos der Feenmärchen sind die prächtigen Gärten, wie sie beim Archivarius Lindhorst zu finden sind. Im *goldnen Topf* gibt es viele Anspielungen auf die beiden bekanntesten Sammlungen dieses Genres: *Das Cabinet der Feen* (1761–1766) und *Die Blaue Bibliothek aller Nationen* (1790–1800). Bezeichnenderweise befindet sich auch im *goldnen Topf* der Mittelpunkt des Wunderbaren im „blauen Bibliothekssaal" (S. 50). Es müssen aber auch, trotz der Gegensätzlichkeit, die Märchen aus *Tausendundeine Nacht* erwähnt werden, weil sie ein erzähltechnisches Grundprinzip des *goldnen Topfes* vorwegnehmen, wie Hoffmann in den *Serapionsbrüdern* erläutert: „[J]ene Leute, denen sich mitten in der Alltäglichkeit der wunderbarste Zauber erschloß, wandelten noch unter uns." Inmitten der gewöhnlichen Realität offenbart sich das Außergewöhnliche, nicht mit der Vernunft Fassbare, Fantastische. In dieser Tradition sieht Hoffmann auch den italienischen Theaterdichter Carlo Gozzi (1720–1806), ein Meister des italienischen Theatermärchens und der Comedia dell'arte. Hoffmann nennt ihn gar „Heiliger Gozzi".

Auch in der Opera buffa (dt. komische Oper) findet Hoffmann diesen Ansatz wieder, weil dort das „Phantastische [...] keck in das Alltagsleben hineinfährt". Aus dem Bereich **Musik** sei hier zudem auf Mozarts *Zauberflöte* verwiesen. Hoffmann dirigierte diese Oper mehrfach, und zwar in der Zeit, als er an dem *goldnen Topf* arbeitete. Es sind viele Parallelen zu erkennen, von der Personenkonstellation über den Aufbau der Szenen bis hin zu einzelnen Details: etwa die Dynamik der Auftaktszene oder auch die den Anselmus foppenden Vögel, die an die Papageno-Sphäre erinnern. Generell bedient sich Hoffmann im *goldnen Topf* einer Sprache, die viele Bilder aus der Welt der Musik übernimmt.

Literarische Anregungen erhielt Hoffmann, nach Angaben seines Verlegers, von James Beresford (1764–1840) und seinem 1806 erschienenen Werk *The Miseries of Human Life* (dt. *Menschliches Elend*). Dort wird anekdotisch geschildert, welche Unglücksfälle einem Menschen zustoßen können. Darüber hinaus sei auf Goethes (1749–1832) *Märchen* (1795) verwiesen, in dem eine grün-goldene Schlange als Vermittlerin zwischen einer schönen, aber todbringenden Lilie und einem Jüngling fungiert, für den sie sich letztendlich opfert. Die Punschgesellschaft in der neunten Vigilie weist deutliche Bezüge zu William Hogarths Kupferstich *A Midnight Modern Conversation* (1733) und Georg Christoph Lichtenbergs (1742–1799) *Ausführliche Erklärung der Hogarthischen Kupferstiche* auf. Personen und Gegenstände des Kupferstichs übernimmt Hoffmann teilweise für diese Szene.

Und natürlich muss Novalis' Roman *Heinrich von Ofterdingen* erwähnt werden. Neben vielen Details ist hier der Atlantis-Mythos eine hervorstechende Gemeinsamkeit. Die aus der Antike stammende **Idee eines goldenen Zeitalters**, einer Erlösung (verkörpert durch **Atlantis**), wurde von vielen romantischen Schriftstellern geteilt. Im *goldnen Topf* steht Atlantis für ein Leben in der Poesie. Allerdings gilt diese Idee bei Hoffmann nicht ungebrochen. Zwar erlebt Anselmus den Eingang in das paradiesische Reich, der Erzähler aber bleibt von diesem Happy End ausgeschlossen. Mit dem Konzept des goldenen Zeitalters ist auch schon auf den Bereich der **Philosophie** verwiesen. Großen Einfluss auf die Romantiker hatte die Naturphilosophie von Friedrich Wilhelm Schelling (1775–1854), insbesondere seine Vorstellung von einer „Weltseele", einer sich in der Natur offenbarenden Gottheit, zu der es zurückzukehren gilt. Hoffmann befasste sich nicht nur intensiv mit Schelling, sondern auch mit dessen Schüler Gotthilf Heinrich Schubert, vor allem mit dessen *Ansichten der Nachtseite der Naturwissenschaft* (1808). Eng damit verbunden sind die Entwicklungen im Bereich der **Medizin**. In Bamberg lernte Hoffmann den Arzt Adalbert Friedrich Marcus (1753–1816) kennen und über diesen die Schriften Franz Anton Mesmers (1734–1815) und dessen Lehre vom „**Animalischen Magnetismus**". Dieser geht von einem kosmischen Fluidum aus, einem Lebensstoff, der den Körper durchströmt und der alles mit allem verbindet (Körper und Geist, Mensch und Natur, Mensch und Mensch). Durch Handauflegen, hypnotische Praktiken und Ähnliches kann der Magnetiseur den ins Stocken geratenen Lebensstoff wieder in Bewegung bringen und damit den kranken Menschen heilen. Bedeutend hierbei sind die Abkehr von dem rein Physischen und die Zuwendung hin zu psychischen Prozessen. So stellt etwa Anselmus' Gefühl, im Glas eingeschlossen zu sein, ein in medizinischen Fachbüchern der Zeit oft beschriebenes Symptom dar.

Schließlich gehören zu den Inspirationsquellen eines Autors immer auch **Erlebnisse aus der eigenen Erfahrungswelt**. Am 10. 8. 1813 fand in Dresden ein Feuerwerk zu Ehren Napoleons statt, bei dem Hoffmann zugegen war. Zwei Tage später schreibt er an seinen Verleger Kunz: „Das in der Tat feurige Feuerwerk wurde auf der Brücke abgebrannt und gewährte mit seinem *dito* feurigen Reflexen im Wasser einen wunderbar feenhaften Anblick". Im *goldnen Topf* kann man die literarische Verarbeitung des „feenhaften Anblicks" in der zweiten Vigilie wiederfinden.

Ein weiteres Detail aus Hoffmanns Erfahrungswelt stammt noch aus der Bamberger Zeit, und zwar der Türklopfer an des Archivarius Haus, der sich am Ende der zweiten Vigilie in das Äpfelweib verwandelt. Hoffmann hatte solch einen Türklopfer in Bamberg (dort war es ein Knauf) entdeckt – in der Straße Eisgrube Nr. 14.

Türknauf in Bamberg

Quellen

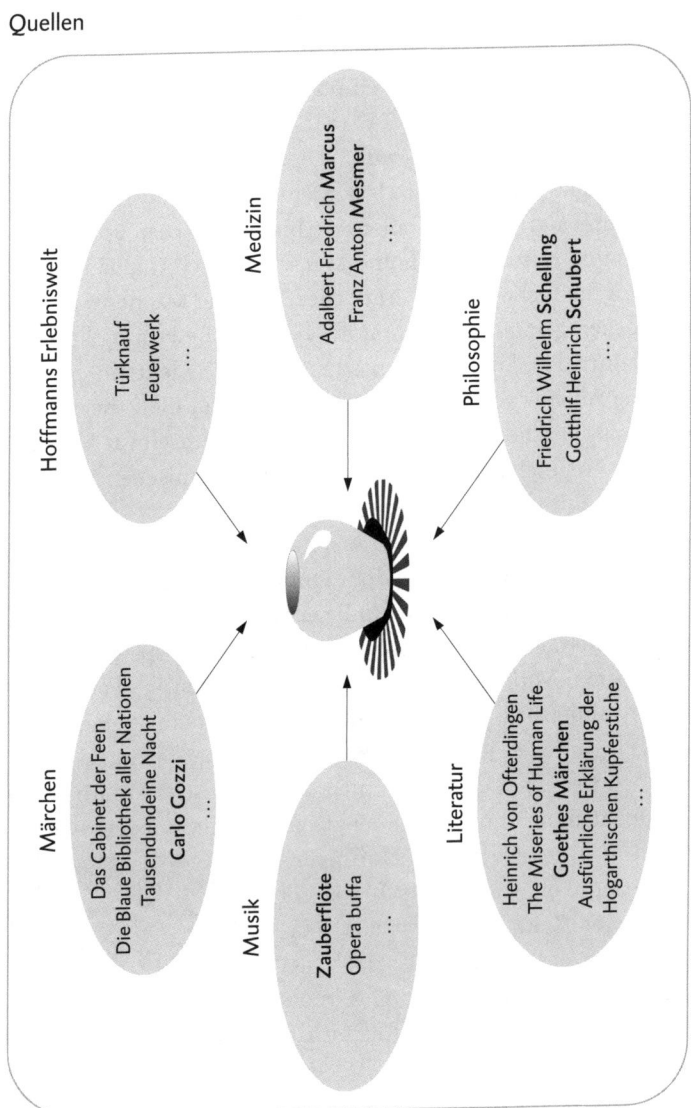

Hoffmanns Erlebniswelt

Türknauf
Feuerwerk
…

Medizin

Adalbert Friedrich Marcus
Franz Anton Mesmer
…

Philosophie

Friedrich Wilhelm Schelling
Gotthilf Heinrich Schubert
…

Märchen

Das Cabinet der Feen
Die Blaue Bibliothek aller Nationen
Tausendundeine Nacht
Carlo Gozzi
…

Musik

Zauberflöte
Opera buffa
…

Literatur

Heinrich von Ofterdingen
The Miseries of Human Life
Goethes Märchen
Ausführliche Erklärung der
Hogarthischen Kupferstiche
…

Inhaltsangabe

7. Vigilie	Die Tag- und Nachtgleiche: Auf freiem Felde starrt Veronika, ihre Gedanken auf Anselmus gerichtet, in einen Feuerkessel, aus dem die Alte heißes Metall in eine Form gießt. Der Archivarius beendet den Spuk. Als Veronika wieder erwacht, liegt sie in ihrem Bett. Um den Hals trägt sie einen Metallspiegel, in dem sie Anselmus bei der Arbeit sehen kann.
8. Vigilie	Anselmus erhält vom Archivarius eine neue Aufgabe, die nur im blauen Saal erledigt werden könne und bei der höchste Vorsicht geboten sei. Andernfalls drohe ihm großes Unglück. Doch halte er an seiner Liebe zu Serpentina fest, so werde ihm das Werk gelingen. Serpentina erscheint selbst und erzählt Anselmus ihre Familiengeschichte. Nach dem Ende ihres Berichts liegt dieser säuberlich aufgeschrieben vor ihm. Seine Liebeserklärung besiegelt Serpentina mit einem Kuss und verschwindet.
9. Vigilie	Trotz seines Glücks muss Anselmus zunehmend an Veronika denken. Bei einem Besuch gibt er ihr ein Heiratsversprechen. Im Anschluss betrinken sich Paulmann, Heerbrand und Anselmus mit Punsch. Am nächsten Tag ist der Zauber des Lindhorst'schen Hauses verschwunden und Anselmus lässt bei der Arbeit die gebotene Vorsicht missen, er kleckst auf das Original. Als er wieder zu sich kommt, ist er in einer Kristallflasche eingeschlossen.
10. Vigilie	Anselmus erkennt, dass er nur Serpentina liebt. Das Angebot der Alten, ihn aus der Flasche zu befreien und Veronika zuzuführen, lehnt er ab. In Wahrheit will die Alte Serpentina vernichten und sich des goldenen Topfes bemächtigen. Bei einem großen Kampf wird die Alte vom Archivarius vernichtet und Anselmus befreit, der glücklich in Serpentinas Arme stürzt.
11. Vigilie	Im Hause Paulmann herrscht Katerstimmung. Nach dem Punschabend lassen sich Anselmus und Heerbrand monatelang nicht blicken. An Veronikas Geburtstag erscheint plötzlich Heerbrand, der zum Hofrat aufgestiegen ist, und macht Veronika einen Heiratsantrag, den sie bereitwillig annimmt.
12. Vigilie	Während Anselmus, nun ein Dichter, mit Serpentina in Atlantis lebt, beklagt der Erzähler sein Schriftstellerdasein und dass er die 12. Vigilie nie werde beenden können. Der Archivarius kommt ihm mit einer Einladung und Arrak zu Hilfe. So schaut der Erzähler nach Atlantis und beendet den Text im gleichen blauen Saal, in dem einst Anselmus saß.

Das Märchen ist in zwölf Vigilien, d. h. Nachtwachen, unterteilt (zur Bedeutung der Struktur siehe Interpretationshilfe, S. 36 ff.).

Erste Vigilie

An einem Himmelfahrtstag rennt der Student Anselmus durch das Schwarze Tor in Dresden, und zwar genau in den Korb einer alten Apfelverkäuferin. Das Geschrei der Alten sowie die sich bildende Menschenmenge nötigen Anselmus, als Schadensersatz seinen Geldbeutel herzugeben. Rasch verlässt er den Schauplatz, verfolgt von einer mysteriösen Prophezeiung des Äpfelweibes: Er würde ins Kristall fallen. Seinen Plan, den Himmelfahrtstag im Linkischen Bad, einem beliebten Gartenlokal, zu genießen, muss er aufgeben. Wehmütig setzt er sich unter einen einsamen Holunderbaum in der Nähe der Elbe und beklagt sein Schicksal sowie sein tollpatschiges Wesen, das ihn immer wieder in unglückliche Situationen gebracht und seine Chancen auf eine gute berufliche Position zunichte gemacht hätte. Da vermeint er Stimmen zu hören und sieht oben im Geäst drei in grünem Gold glänzende Schlänglein. Noch unsicher, ob ihm nicht doch seine Sinne einen Streich spielen, blickt er plötzlich in zwei herrliche, dunkelblaue Augen. Ein Gefühl von Sehnsucht und Verlangen ergreift Anselmus. Die gesamte Natur scheint zu ihm zu sprechen. Mit dem Untergang des letzten Sonnenstrahls ertönt eine raue, tiefe Stimme und die Schlänglein verschwinden Richtung Elbe. Alles ist wieder still.

Zweite Vigilie

Eine Passantin reißt Anselmus aus seinem Treiben. Dieser umklammert nämlich den Holunderbaum und erfleht lautstark die Rückkehr der goldenen Schlänglein. Peinlich berührt, für einen betrunkenen Studenten gehalten zu werden, flieht er von dem Schauplatz. Unverhofft stößt er auf den Konrektor Paulmann. Dieser ist gerade im Begriff, mit seinen zwei Töchtern sowie dem Registrator Heerbrand eine Gondelfahrt auf der Elbe zu machen. Anselmus nimmt die Einladung zur Mitfahrt an. Als ein Feuerwerk losgeht, glaubt Anselmus, in den sich im Fluss widerspiegelnden Flammen die goldenen Schlänglein wiederzuerkennen. Er gerät außer sich und will sogar ins Wasser springen. Mit Mühe kann er beruhigt werden. Paulmanns Tochter Veronika, deren Schönheit Anselmus erstmals bewusst wird, tritt als dessen Fürsprecherin auf: Man erklärt Anselmus' Erlebnisse zu Tagträumen. Den restlichen Abend verbringt die kleine Gesellschaft bei Hausmusik in Paulmanns Wohnung. Schließlich unterbreiten Heerbrand und Paulmann Anselmus ein Angebot: Er könne gegen eine gute Bezahlung als Kopist alter Handschriften arbeiten, und zwar bei einem wunderlichen Mann namens Archivarius Lindhorst. Dazu solle er sich am Mittag des folgenden Tages bei diesem einfinden. Doch als Anselmus am nächsten Tag Punkt zwölf Uhr den Türklopfer betätigen will, erkennt er in diesem das alte Äpfelweib vom Schwarzen Tor und gerät in Raserei. Die Klingelschnur mutiert zu einer riesigen Schlange, die ihn umschlingt, um ihm das Leben auszupressen. Als er wieder zu sich kommt, liegt er in seinem Bett, den Konrektor Paulmann an seiner Seite.

Anselmus im Kampf mit der Klingelschnur

Dritte Vigilie

Im Kaffeehaus erzählt der Archivarius Lindhorst den Schöpfungsmythos der Feuerlilie und von deren Liebe zu dem Jüngling Phosphorus. Er berichtet, wie aus den Elementen das Leben entstanden sei und wie ein zündender Funke diese Harmonie zerstört habe. Dieser Funke sei der Gedanke. Um seine geliebte Feuerlilie wiederzuerlangen, habe Phosphorus den schwarzen geflügelten Drachen besiegen müssen, was ihm letztlich

Phosphorus entbrennt in Liebe zur Feuerlilie

gelungen sei. – Das sei orientalischer Schwulst, urteilt der Registrator Heerbrand, und Lindhorst solle doch etwas Wahrhaftiges aus seinem Leben erzählen. Dieser entgegnet, dass es sich bei der Geschichte um das Wahrhaftigste handele, da er von dieser Feuerlilie abstamme und insofern eigentlich ein Prinz sei. Des Weiteren berichtet Lindhorst von seinem toten Vater und von seinem Bruder, der nach einem Erbschaftsstreit unter die Drachen gegangen sei. Das Publikum quittiert die Erzählungen mit schallendem Gelächter. Nur Anselmus ist tief berührt. – Nun erfährt man rückblickend, dass Anselmus keinen weiteren Besuch beim Archivarius mehr wagt, und dass beim ersten Versuch tatsächlich das Äpfelweib zugegen war. Paulmann, Heerbrand und auch Veronika halten Anselmus für seelenkrank. Man glaubt, die Arbeit bei Lindhorst könne heilende Wirkung haben. So ergreift Heerbrand die Initiative und nimmt Anselmus an die Hand. Gemeinsam treten sie Lindhorst in den Weg und bieten ihm Anselmus' Dienste als Schreiber an. Das sei ihm ungemein lieb, erwidert der Archivarius, eilt aber ohne ein weiteres Wort von dannen. Für Anselmus ist dies die erste Begegnung mit Lindhorst. Er beschließt, den Besuch am nächsten Tag erneut zu wagen.

Vierte Vigilie

Nun richtet sich der Erzähler direkt an den Leser, appelliert an dessen Vorstellungsvermögen und beschwört eine Stimmung von Sehnsucht und Weltschmerz herauf. So habe dieser genau jenen Zustand von Melancholie vor Augen, in welchem sich Anselmus seit der Begegnung mit Lindhorst befinde. Dieser Zustand führt Anselmus nun täglich zum Holunderbaum zurück und, wie am Himmelfahrtstag, umarmt er den Stamm und ruft nach dem goldenen Schlänglein. Ihm ist klar geworden, dass seine Sehnsucht gleichbedeutend ist mit der Liebe zu diesem Schlänglein, in deren blaue Augen er geschaut hatte. Bei dieser Aktion überrascht ihn der Archivarius Lindhorst. Anselmus erzählt ihm alles, was er an Himmelfahrt erlebt hat, und macht ihm Vorwürfe, dass er es gewesen sei, der damals die Schlänglein zurückgerufen habe. Statt erstaunt zu sein, offenbart ihm Lindhorst, dass es sich bei den drei Schlangen um seine Töchter handele und dass er, Anselmus, sich wohl in die blauen Augen der jüngsten, Serpentina, verliebt habe. Daraufhin holt der Archivarius seinen Ring hervor und lässt in dem glitzernden Stein die drei Schlänglein erscheinen. Würde Anselmus gute Kopierarbeit leisten, so könne er auch seine Töchter sehen. Als dieser ihm die Geschichte mit dem Türklopfer und dem alten Äpfelweib beichtet, bekommt er von Lindhorst eine Flüssigkeit, die er beim nächsten Mal verspritzen solle, falls das Äpfelweib wieder erscheine. Eiligen Schrittes entfernt sich der Archivarius und es hat den Anschein, als entschwinde er als Geier in den Lüften. Anselmus wird abermals von einem Passanten aus seinen Träumen gerissen, als er lautstark nach Serpentina ruft.

Fünfte Vigilie

Veronika hört ein Gespräch zwischen ihrem Vater und dem Registrator Heerbrand mit an, bei dem dieser dem besorgten Paulmann entgegnet, dass es Anselmus durchaus zum Hofrat bringen könne und werde. Veronika sieht sich daraufhin schon als Frau Hofrätin in einem vornehmen Haus und umgeben von Bediensteten. Ein Kurzbesuch von Anselmus, bei dem er im Gegensatz zu sonst sehr selbstsicher und ohne Fehltritt agiert, scheint dies zu bestätigen. Doch eine feindselige Gestalt schiebt sich in Veronikas Träume. Diese Erscheinung suggeriert ihr, dass sie mitnichten Anselmus heiraten werde, da dieser sie nicht liebe und auch kein Hofrat werde. Überall im Zimmer vermeint sie nun diese Gestalt zu sehen. Ihre Verstörtheit bleibt nicht unbemerkt. So vertraut sie sich ihrer Freundin Angelika Oster an. Diese wiederum berichtet von einer alten Seherin, Frau Rauerin, bei der sie gestern gewesen sei und die ihr aus einem Metallspiegel die Zukunft gedeutet habe. Noch am selben Abend geht Veronika zu der Alten, um sie nach ihrer gemeinsamen Zukunft mit Anselmus zu fragen. Erstaunlicherweise ist diese bereits im Bilde und weiß um Veronikas Anliegen. Sie sei am Nachmittag in Paulmanns Haus als Kaffeekanne zugegen gewesen. Die Alte – es handelt sich um das Äpfelweib vom Schwarzen Tor – rät Veronika von einer Heirat mit Anselmus ab, da dieser die goldgrüne Schlange liebe. Doch Veronika erzürnt sich und beharrt auf ihren Wünschen. Da gibt sich die Alte als Veronikas früheres Kindermädchen Liese zu erkennen und eröffnet ihr, dass der Archivarius Lindhorst ihr größter Feind sei und dass Anselmus in dessen Fänge geraten sei. Aber es gäbe durchaus eine Möglichkeit, Anselmus von der Liebe zur goldgrünen Schlange zu befreien und ihn Veronika als Hofrat und Ehemann zuzuführen. Dazu müsse Veronika zur nächsten Tag- und Nachtgleiche bei der Alten erscheinen, um dann auf freiem Felde einen Zauber zu entfachen.

Sechste Vigilie

Unsicher, ob nicht doch beim ersten Mal der Likör seine Wirkung getan habe, beschließt Anselmus diesmal nüchtern zu bleiben. Als der Türklopfer abermals das Gesicht der Alten annehmen will, bespritzt ihn Anselmus mit der Flüssigkeit des Archivarius. Sofort glättet sich der Knauf und Anselmus tritt ein. Das Haus gleicht einem Sinnesgarten: Geräusche, Gerüche und magisches Licht umgeben ihn. Dazu eine Vielzahl von Stimmen, die sich über Anselmus lustig machen. Lindhorst führt ihn zunächst in den gewaltigen Hausgarten voller exotischer Pflanzen und bunter Blumen und dann in einen blauen Saal, in dessen Mitte ein goldener Topf steht. Anselmus starrt gebannt auf diesen Topf, erblickt in dessen goldenen Reflexen seine Begegnung mit der Schlange und ruft lauthals nach Serpentina. Schließlich führt der Archivarius ihn in sein künftiges Arbeitszimmer. Dort macht Lindhorst sich über seine bisherigen Arbeiten und über sein mitgebrachtes Material lustig. Vom Archivarius mit neuem Schreibwerkzeug ausgerüstet macht sich Anselmus an die Arbeit. Diese gelingt ihm erstaunlich gut und er ahnt, dass das mit seiner Liebe zu Serpentina zu tun hat. Der Archivarius ist hochzufrieden und eröffnet ihm, dass Serpentina ihn liebe. Doch feindliche Mächte würden diese Liebe bekämpfen. Nur wenn Anselmus den beschrittenen Weg weitergehe und an der Liebe zu Serpentina festhalte, werde er die Wunder des goldenen Topfes erleben und ewiglich glücklich sein.

Siebente Vigilie

Mittlerweile ist der 23. September, die Tag- und Nachtgleiche, herangekommen. Als alle zu Bett gegangen sind, schleicht sich Veronika bei Sturm und Regen aus dem Haus zur Alten. Schwer beladen ziehen Veronika, die Alte und deren schwarzer Kater aufs freie Feld, wo sie ihr Werk vollenden wollen. Dort entfacht die Alte ein Feuer, auf dem sie ein Hexengebräu anrührt.

Während Veronika, in den Kessel starrend, ihre Gedanken auf Anselmus richten muss, wird sie von dem funkensprühenden Kater umkreist. – Nun richtet sich der Erzähler erneut an den Leser und führt ihm vor Augen, was er hätte erblicken können, wäre er in dieser Nacht auf dem Weg nach Dresden gewesen, und wie er leicht diesen Spuk hätte beenden können. Aber niemand sei in dieser Nacht unterwegs ge-

Veronika und die Alte beim Hexenzauber

wesen. So geht das unheimliche Geschehen weiter, bis Anselmus vor Veronikas Augen erscheint, woraufhin die Alte einen Hahn am Kessel öffnet und heißes Metall in eine vorbereitete Form gießt. Schließlich beendet der Archivarius Lindhorst in Gestalt eines Adlers den Spuk. Als Veronika wieder zu sich kommt, ist es bereits hell und sie liegt in ihrem Bett. Vater und Schwester wähnen sie im Fieberwahn und schicken nach dem Arzt. Als Schwester Fränzchen ihr den nassen Mantel präsentiert, wird ihr klar, dass das alles nicht nur ein böser Traum war. Zudem entdeckt sie einen kleinen Metallspiegel, der um ihren Hals hängt und den ihr die Alte geschenkt hat. In ihm sieht sie den Studenten Anselmus, wie er beim Archivarius seiner Schreibtätigkeit nachgeht. Der herbeigeeilte Arzt scheint ratlos ob der Herkunft des Fiebers.

Achte Vigilie

Mittlerweile gehört die Zeit im Hause Lindhorsts zu Anselmus' glücklichsten Stunden, da er Serpentinas Nähe spürt. Zufrieden mit dessen Arbeit betraut ihn der Archivarius eines Tages mit einer neuen Aufgabe, die nur im blauen Saal erledigt werden könne. Dort ist jetzt, statt des goldenen Topfes, ein Schreibtisch für Anselmus hergerichtet. Nun gilt es, Schriften von Pergamentrollen zu kopieren. Doch höchste Vorsicht sei geboten, denn ein falscher Strich oder gar ein Klecks auf dem Papier stürze ihn in großes Unglück. Anselmus ist ob der Warnung und der unbekannten Zeichen, die er kopieren soll, stark entmutigt. Dem setzt Lindhorst entgegen: Halte er, Anselmus, am wahren Glauben und an der Liebe fest, so werde Serpentina ihm helfen. Angespornt durch die Umgebung und durch das königliche Auftreten des Archivarius findet er schnell heraus, dass der zu kopierende Text von der Vermählung des Salamanders mit der grünen Schlange handelt. Da erscheint Serpentina in Mädchengestalt, schmiegt sich an ihn und erzählt ihre Familiengeschichte. – Serpentinas Vater, der Archivarius, entstamme dem Geschlecht der Salamander. Entzündet von der Liebe zur grünen Schlange, der Tochter der Lilie, habe er diese entführt und sei mit ihr vor den Geisterfürsten Phosphorus getreten. Dieser jedoch habe den Salamander gewarnt: Seine Glut werde die Schlange verzehren und ein neues Wesen werde emporsteigen und entschwinden. Trotz Warnung habe er die grüne Schlange umarmt und es sei geschehen wie vorhergesagt. Wahnsinnig vor Verzweiflung habe der Salamander funkensprühend gewütet und den paradiesischen Garten verheert. Zur Strafe habe Phosphorus ihn in Menschengestalt auf die Erde verbannt. Auf Vermittlung des Erdgeistes, der auch der Gärtner des Phosphorus sei, sei die Strafe abgemildert worden. Auf der Erde bei den Menschen werde der Salamander in einer Lilie die grüne Schlange wiederfinden und mit ihr drei Töchter haben, die wie ihre

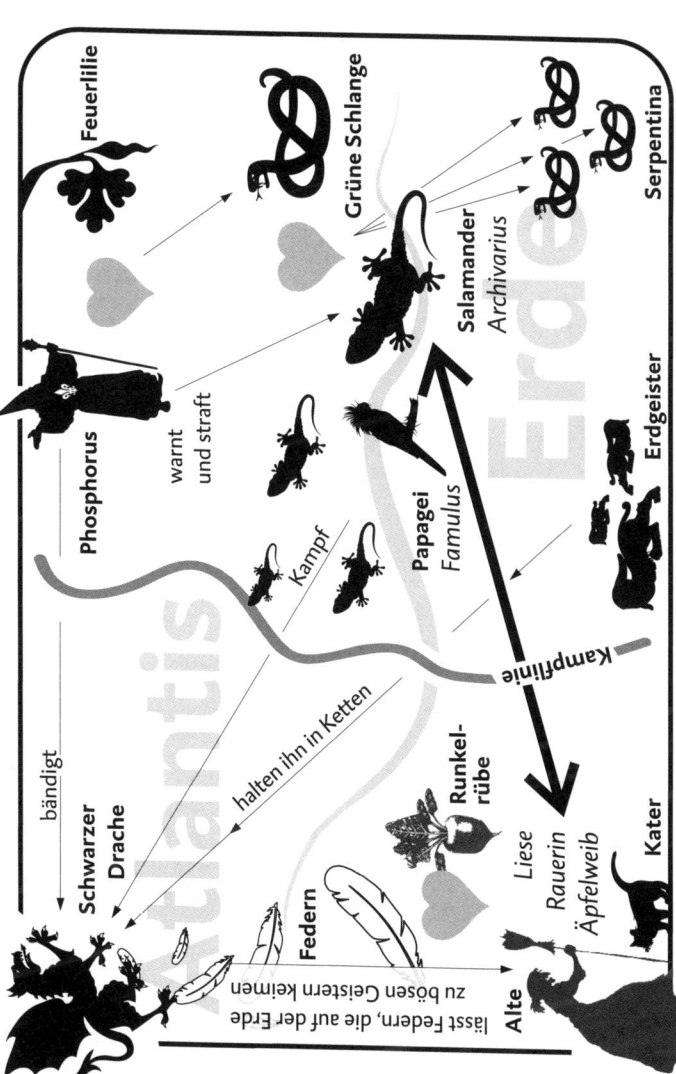

Mutter aussähen. Immer zur Frühlingszeit würden diese Schlänglein im Holunderbusch erscheinen und ihre Stimmen erklingen
lassen. Erst wenn sich drei Jünglinge mit kindlich poetischem
Gemüt fänden und sich mit ihnen vermählten, erst dann könne
der Salamander zu seinen Brüdern zurückkehren. Vom Erdgeist
hätten die drei Töchter jeweils einen Topf aus bestem Metall er-
halten, in dem sich das wundervolle Reich abspiegele. Bei der
Vermählung werde daraus eine Lilie mit ewiger Blüte erwachsen
und das Paar selbst werde in Atlantis leben. – So endigt Serpentina ihre Familiengeschichte und warnt vor der Macht des
schwarzen Drachens, aus dessen Federn auch die Alte hervorgegangen sei. Daraufhin macht Anselmus ihr eine große Liebeserklärung. Serpentina beantwortet diese mit einem Kuss und ver-
schwindet. Anselmus, in höchster Verlegenheit, wie er dem
Archivarius den vertrödelten Nachmittag erklären könne, ist um-
so erstaunter, als er die eben gehörte Familiengeschichte sauber
aufgeschrieben vor sich liegen sieht. Zufrieden mit Anselmus
lädt der Archivarius ihn ins Linke'sche Bad ein. Unterwegs tref-
fen sie den Registrator Heerbrand, dem Lindhorst mit aus den
Fingern geschnippten Funken die Pfeife entzündet. Schließlich
bringt Anselmus den völlig betrunkenen Registrator nach Hause.

Neunte Vigilie

Trotz der glücklichen Stunden im Haus des Archivarius ertappt
sich Anselmus dabei, wie er zunehmend an Veronika denken
muss. Ihm ist, als lenke eine fremde Macht seine Gedanken auf
sie. Auf einem Morgenspaziergang möchte er seine verwirren-
den Gedanken ordnen. Unwillkürlich zieht es ihn Richtung
Veronika und wie zufällig begegnet ihm auch noch der Konrektor Paulmann, der ihn mit zu sich nach Hause nimmt. Herausgeputzt begrüßt ihn Veronika und beide flirten miteinander.
Beim Blick in Veronikas Metallspiegel ist ihm, als habe seine
Liebe schon immer Veronika gegolten. Die Geschichten von

dem Schlänglein und dem Salamander seien ja lächerlich und rührten von seiner Verwirrung her, deren Ursachen letztlich in dem kopierten Text sowie in den vielen sinnlichen Reizen im Hause des Archivarius lägen. Schließlich nimmt ihm Veronika ein Heiratsversprechen ab. So vergeht der Morgen im Hause Paulmann. Als Anselmus zum Archivarius aufbrechen will, ist er schon über die Zeit. Daraufhin überredet Paulmann ihn, doch in Gänze zu bleiben, denn er erwarte zudem noch den Registrator Heerbrand. Dieser erscheint mit den Zutaten für einen ordentlichen Punsch. Paulmann, Heerbrand und Anselmus betrinken sich. Der Abend gerät außer Rand und Band. Man kommt auf den Archivarius zu sprechen und Anselmus berichtet, was er alles über diesen erfahren hat. Die drei lassen den Salamander hochleben und verdammen die Alte. Schließlich werfen sie Gläser und Punschterrine an die Decke. Plötzlich steht ein kleines Männchen im Raum und ermahnt Anselmus, doch unbedingt am nächsten Tag wieder beim Archivarius zu erscheinen. Er glaubt, in dem Männchen den Papagei aus dem Haus des Archivarius zu erkennen. Wie von Sinnen rennt Anselmus nach Hause, wo ihm im Traum Veronika erscheint. – Als er am nächsten Tag beim Archivarius eintrifft, ist der Zauber des Hauses verschwunden. Alles kommt ihm normal und bieder vor. Nur die Behauptung Lindhorsts, er wäre am Punschabend zugegen gewesen, verwundert ihn. Bei seiner Schreibarbeit will ihm diesmal gar nichts gelingen. Im Gegenteil: Er macht einen großen Klecks auf das Original. Plötzlich steigt ein Blitz aus diesem empor, Dampf und Feuermassen bewegen sich durch den Raum, die Palmenstämme werden zu Riesenschlangen, die ihn umschlingen, und zu guter Letzt ertönt die strafende Stimme des Salamanders. Als Anselmus wieder zu sich kommt, ist er gefangen in einer Kristallflasche. Diese steht auf einem Regal im Bibliothekszimmer des Archivarius.

Zehnte Vigilie

Abermals wendet sich der Erzähler an den Leser. Dieser möge sich einmal in Anselmus' Lage versetzen, die Qual der Bewegungslosigkeit in der Flasche spüren. Anselmus selbst verfällt in ein großes Klagen. Er erkennt, dass er vom Glauben abgewichen war, vom Glauben an Serpentina, und wünscht innigst, sie noch einmal sehen zu dürfen. Einige Kreuzschüler und Praktikanten, die ebenfalls in Flaschen eingeschlossen sind, verstehen die Wehklage von Anselmus nicht. Schließ-

Anselmus im Flaschengefängnis

lich sind sie überzeugt, nicht eingeschlossen zu sein, sondern mitten auf der Elbbrücke zu stehen. Anselmus erkennt, dass diese Menschen aufgrund ihrer Oberflächlichkeit und Dummheit niemals wissen werden, was Freiheit und Leben in Liebe und Glauben sei. Er selbst allerdings müsse vergehen, wenn nicht Serpentina ihn errette. Da ertönt ihre Stimme im Raum und bereits das lindert ihm die Qual in der Flasche. Doch auch die Alte erscheint, abermals als Kaffeekanne. Anselmus lehnt ihr Angebot, ihn zu befreien und Veronika zuzuführen, ab und bekennt sich zu Serpentina. Da offenbart die Alte ihr wahres Ziel: die Vernichtung Serpentinas und der Besitz des goldenen Topfes. Als sie sich des kostbaren Gefäßes bemächtigt hat und der schwarze Kater Jagd auf Serpentina macht, fährt Lindhorst dazwischen. Es entbrennt der entscheidende Kampf, bei dem der Archivarius und sein Papagei die Alte und deren schwarzen Kater vernichten. Lindhorst erkennt, dass Anselmus an seinem zeitweiligen Unglauben unschuldig war, und befreit ihn aus der Kristallflasche. Überglücklich stürzt er in Serpentinas Arme.

Elfte Vigilie

Am Morgen nach dem Punschgelage herrscht Katerstimmung im Hause Paulmann. Heerbrand, der auf dem Sofa genächtigt hat, redet wunderliche Sachen und Veronika ist in depressiver Stimmung. Paulmann schiebt die Schuld auf Anselmus, dessen Wahnsinn alle anzustecken scheine. Als Veronika andeutet, dass Anselmus bereits in der Flasche sitze, ruft Paulmann abermals den Arzt. – Mehrere Monate lassen sich weder Anselmus noch Heerbrand blicken. Am 4. Februar, dem Namenstag Veronikas, erscheint Letzterer, nunmehr als Hofrat Heerbrand, und bittet um die Hand Veronikas. Diese willigt ein und erzählt die ganze Geschichte mit der Alten: von der Erschaffung des Metallspiegels auf dem Kreuzweg bis hin zu dessen Entzweibrechen, als der Archivarius die Alte besiegte. Nun aber schwöre sie allen Satanskünsten ab und wolle eine rechtschaffene Ehefrau werden. Der ob dieser Reden beunruhigte Paulmann wird von Heerbrand

Heerbrand hält um Veronikas Hand an

besänftigt, der Veronikas Erzählung vom Sieg des Salamanders als poetische Allegorie deutet. Doch ganz beruhigen lässt er sich nicht. Er schreibt das wirre Gerede aber nunmehr der entflammten Liebe zu und denkt, dass sich das im Ehealltag schon legen werde. Schließlich wird Verlobung gefeiert. Das Kapitel endet mit einer Vorausschau auf das Leben der Frau Hofrätin, so wie Veronika es sich in der fünften Vigilie erträumt hatte.

Zwölfte Vigilie

Der Erzähler wendet sich erneut direkt an den Leser und berichtet, dass Anselmus und Serpentina in das wunderbare Reich ge-

zogen seien, das Anselmus schon lange ersehnt hatte. Später erfährt man, dass die beiden auf einem Rittergut in Atlantis leben
und Anselmus jetzt Dichter sei. Bei dem Versuch, dies in Worte
zu fassen, wird der Erzähler melancholisch, denn er vergleicht
das selige Dasein des Anselmus mit seiner dürftigen, irdischen
Schriftstellerexistenz. Beim nächtlichen Schreibversuch ist ihm,
als sehe er in glänzendem Metall sein trostloses Spiegelbild. Das
hindert ihn daran, die richtigen Worte zu finden, und er fürch-
tet, die zwölfte Vigilie nie beenden zu können. Da erreicht ihn
ein Brief des Archivarius. Dieser verleiht zwar seinem Unmut
über die Veröffentlichung seiner Herkunft Ausdruck, verspricht
aber dennoch, beim Verfassen der letzten Vigilie behilflich zu
sein. Dazu lädt er den Erzähler zu sich ein, und zwar in den blau-
en Salon. Als der Erzähler nun an dem gleichen Tisch, an dem
Anselmus einst gesessen hat, Platz nimmt, bringt ihm der Archivarius einen goldenen Pokal mit Arrak und Zucker. Aus dem
Pokal lodert eine Flamme. Man erfährt, dass es sich hierbei um
das Lieblingsgetränk des Kapellmeisters Johannes Kreisler handele, angeblich ein Freund des Erzählers. (Der Kapellmeister Johannes Kreisler ist eine Kunstfigur und taucht in vielen Schriften E.T.A. Hoffmanns auf; Arrak war auch das Lieblingsgetränk
des Autors selbst.) Der Archivarius steigt in den Pokal und ver-
schwindet in den Flammen. Der Erzähler nimmt einen Schluck,
findet das Getränk köstlich und erblickt Anselmus in Atlantis,
nebst des goldenen Topfes, aus dem eine Lilie entsprossen ist.
Als die Vision endet, steht das Erblickte säuberlich aufgeschrieben auf dem Papier. Der Erzähler beneidet Anselmus um sein
seliges Leben in Atlantis, während er bald wieder in sein dürf-
tiges Dasein zurückkehren müsse. Da erscheint der Archivarius
und fragt, ob er denn nicht eben selbst in Atlantis gewesen sei
und dort einen schönen Bauernhof sein eigen nennen könne?
Und überhaupt: Sei denn Anselmus' Seligkeit etwas anderes als
ein Leben in der Poesie?

Textanalyse und Interpretation

1 *Der goldne Topf* als Märchen der Romantik

Es gibt keine in sich geschlossene Theorie der **Romantik**. Zu fragmentarisch und widersprüchlich sind die theoretischen Zeugnisse der romantischen Schriftsteller. Aber es finden sich einige Grundzüge, die auch für den *goldnen Topf* von Bedeutung sind und die vor allem den Unterschied zu den Epochen der **Aufklärung** und der **Klassik** markieren.

Von großer Bedeutung ist der von Friedrich Schlegel (1772–1829) geprägte Begriff der **„progressiven Universalpoesie"**. Das Kunstwerk ist kein in sich geschlossenes und vollendetes Gebilde mehr, es wird als Prozess gedacht, die Perspektive ist die **Unendlichkeit**. Die romantische Poesie ist stets im Werden begriffen; das Ziel, die Utopie, als Vollendung in Raum und Zeit ist nicht erreichbar. Schlegel schwebte ein „absolutes Buch" vor, zu dem jeder romantische Text (der in sich durchaus vollendet sein konnte und sollte) ein **fragmentarisches** Bruchstück beiträgt. Das erklärt auch die **Formenvielfalt** romantischer Literatur. Da gibt es keine Formvorgabe mehr, wie etwa beim klassischen Drama. Die Form ist diejenige, die aus dem als **Genie** gedachten Künstler herausströmt. Die Romantiker setzten sich aber nicht nur über Gattungsgrenzen hinweg, sondern auch über die Genre-Grenzen der Kunst. Musik, Literatur, Malerei etc. ist nichts Trennendes mehr, sondern etwas Verbindendes. Konsequent zu Ende gedacht, mündet das in der Schlegel'schen Forderung nach der **gegenseitigen Durchdringung von Poesie und Leben**.

Das Fragmentarische der romantischen Texte bedingt aber auch Unschärfen, Inkonsequenzen und Widersprüchlichkeiten.

Diese sind nicht nur erlaubt, sondern geradezu Teil des literarischen Konzeptes. Das Gegenteil wird stets mitgedacht. Folgerichtig spielt Ironie in der Romantik eine große Rolle. **Romantische Ironie** geht weit über den rhetorischen Begriff hinaus, versteht sich vielmehr als ästhetisches Konzept, das dem ernsten Ton einen komischen Klang beimischt, das ein assoziatives Bild mit philosophischer Reflexion verbindet, das mit dem Leser spielt und ihm bewusst macht, dass er gerade etwas Gemachtes, künstlerisch Gestaltetes liest (**Illusionsbruch**) usw. Hier ist keine Spur mehr von der klaren, rationalen Gedankenlogik der Aufklärung, die zu einem in sich geschlossenen und stimmigen Werk führte. Widersprüche werden ausgehalten und führen gar zu höherer Erkenntnis. Das erklärt auch die Vorliebe vieler Romantiker für die Nachtseiten, für Gruselgeschichten und psychologische Prozesse, die im **Unbewussten** ablaufen und sich damit der Ratio entziehen. Auf der Sprachebene ist die Differenzierung zwischen angelernter Wortsprache und unbewusster Seelensprache, wie sie sich etwa im **Traum** äußert, von großer Bedeutung. Diese Unterscheidung des Philosophen Schubert weist zugleich auf das Thema Traum hin – für die Romantiker ein integraler Bestandteil des Lebens, für die Vertreter der Aufklärung ein annähernd pathologisches Phänomen. Schließlich zielt das romantische Literaturkonzept nicht auf eine vorgegebene Realität, sondern schafft sich seine eigene, **poetische Wirklichkeit**. Das bedeutet aber, dass die Rolle der Poesie stets mit reflektiert wird und die poetische Wirklichkeit, die für den Leser Neuland darstellt, mit diesem verhandelt werden muss. Und in der Tat sind **Selbstreflexion** und **Leseransprache** Grundbestandteile vieler romantischer Texte. Die Reflexion über Poesie geschieht dabei eher in der künstlerischen Produktion, also konkreten literarischen Texten, weniger in der philosophischen Betrachtung.

Unterschiede zwischen Romantik und Aufklärung/Klassik

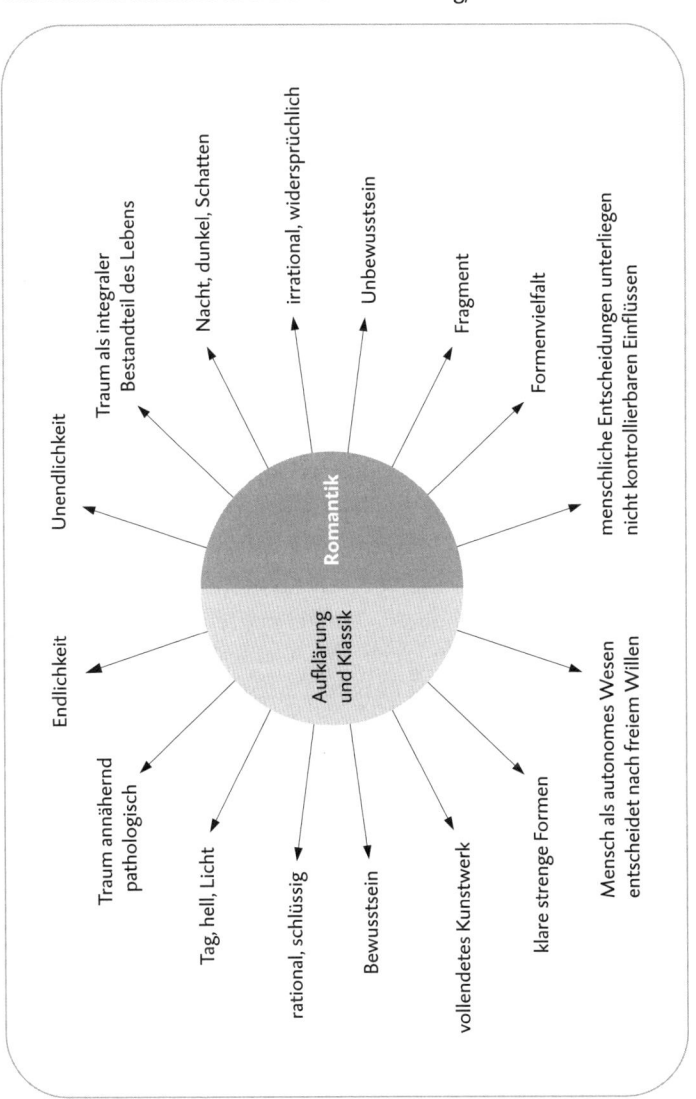

Nicht umsonst gilt Hoffmanns *goldner Topf* als eines der zentra-len Werke der Romantik. Für viele der oben skizzierten Punkte könnte *Der goldne Topf* Pate gestanden haben. Allein viermal **durchbricht der Erzähler die Illusionsebene des Märchens**, um sich direkt an den Leser zu wenden. In der letzten Vigilie thematisiert er dabei seine eigene Rolle als Schriftsteller und hebt das Thema damit noch einmal auf eine andere Ebene, denn der gesamte Text ist bereits eine große **Reflexion über die Poesie**, geht es doch gerade um das (richtige) **Schreiben** und um den Protagonisten Anselmus und dessen Entwicklung zum Poeten. Es ist aber keine planvolle Entwicklung, die der Protago-nist durchläuft. Vielmehr ist es ein Ringen zwischen zwei Wel-ten. Die Motive für die Handlungen des Protagonisten (aber auch anderer Figuren) liegen dabei oftmals im Verborgenen, **im Unbewussten**. Vieles geschieht **intuitiv**. Ein Beispiel dafür ist Anselmus' Niederschrift der Familiengeschichte des Salaman-ders in der achten Vigilie. Er erwacht wie aus einem Traum und hat die fertige Geschichte vor sich liegen (vgl. S. 72). Das ent-spricht nicht nur Schuberts Vorstellung einer Seelensprache, sondern ganz und gar auch der **Genie-Vorstellung eines romantischen Schriftstellers**, der notwendigerweise aus sei-nem Inneren heraus die richtige Form zu Papier bringt. Etwas, das dem Erzähler selbst zum Schluss nicht so recht gelingen will.

Hier unterscheidet sich Hoffmann auch von anderen Roman-tikern, etwa von Novalis (1772–1801). Während in dessen Ro-man *Heinrich von Ofterdingen* die Lösung in einer Poetisierung der Welt und damit in einem Leben in der Poesie besteht, gilt dies für den *goldnen Topf* nicht. Zwar führt Anselmus am Ende solch ein Leben, doch bleibt dem Erzähler diese Option ver-wehrt. Hier zählt das Postulat der **wechselseitigen Durch-dringung von Leben und Poesie**. Nicht nur das Leben muss poetisiert werden, sondern die Poesie muss auch ins Leben treten. Und das tut sie, wenn auf einmal die vom Erzähler selbst

geschaffene Figur des Archivarius Lindhorst in sein Leben
tritt und das Lieblingsgetränk
des Kapellmeisters Johannes
Kreisler mitbringt, einer von
E.T.A. Hoffmann erschaffenen
Künstlerfigur. Dies ist eine Wei-
terführung der Fiktion, wie
Hoffmann sie öfters in seinen
Werken betrieben hat. Aber
auch in seinem persönlichen
Leben hat er immer wieder seine Figuren aufleben lassen, in-

Kapellmeister Johannes Kreisler,
Zeichnung von E.T.A. Hoffmann

dem er sie beispielsweise in seine Briefe integrierte. So schreibt
er am 24. März 1814 an seinen Verleger Kunz, dass es bei ihm
geklopft hatte

> *und der Konrektor Paulmann aus Dresden trat herein mit vielen*
> *Empfehlungen vom Hofrat Heerbrand! – Dieser gute hat viel*
> *gelitten, er machte sieben Sonette und eine Glosse, die Ärzte*
> *sagten aber nachher, das sei bloß ein zurückgetretener Schnup-*
> *fen, nebst etwas metrischem Fieber [...].*

Ein Beispiel dafür, dass Hoffmann das oben erwähnte **Keck-ins-
Leben-Treten seiner Figuren** durchaus wörtlich nahm. Der
ironische Erzählmodus (gepaart mit Humor) bewirkt bei
Hoffmann eine Einschränkung aller Eindeutigkeit und Einseitig-
keit. Ironie schafft ja gerade **Distanz** zum Geschehen. Insofern
ist sie ein geeignetes Mittel, um die **Widersprüchlichkeiten
von Alltag und Wunderbarem** darzustellen. Einem „poetischen Gemüt" wie Anselmus selbst ist Ironie ebenso fremd,
wie es dem traditionellen Märchen ist.

2 Aufbau des Märchens

Struktur

Das Märchen *Der goldne Topf* ist in zwölf Vigilien eingeteilt. Der Begriff Vigilie stammt aus dem Lateinischen und bedeutet **Nachtwache**. Den deutschen Begriff benutzt der Erzähler dann explizit in der vierten Vigilie (vgl. S. 28) und deutet damit zunächst auf die **Schreibsituation** des Erzählers hin, die später in der zwölften Vigilie ausdrücklich bestätigt wird. Es ist aber auch ein **literarischer Verweis:** Zum einen auf Miguel de Cervantes Saavedra (1547–1616), der die Schreibsituation seines **ironisch-satirischen** Romans *Don Quijote* ebenfalls als Nachtwachen bezeichnete. Hoffmann war mit den Schriften von Cervantes vertraut. Zum anderen verweisen die Vigilien aber auch auf die *Nachtwachen* (1805) von Bonaventura, den satirischen Roman eines unter Pseudonym schreibenden, lange unbekannten Autors. Heute wird das Werk Ernst August Friedrich Klingemann (1777–1831) zugeschrieben. Die 16 Nachtwachen Bonaventuras wirken sehr **fragmentarisch und unzusammenhängend**, weil in den Erzählfluss immer wieder die **unterschiedlichsten Textformen** eingelagert sind. Dies entsprach der Literaturauffassung vieler romantischer Schriftsteller. Auch der Erzähler des *goldnen Topfes* durchbricht mehrmals die Handlung und wendet sich direkt an den Leser.

Den einzelnen Vigilien sind **Schlagwörter** vorangestellt. Diese bieten aber keineswegs eine gut gewichtete Inhaltsangabe, sondern entfalten ihre ganze **Ironie** durch die Wiedergabe von Banalitäten, wie etwa in der vierten Vigilie, wo benannt wird, dass „der Student Anselmus niemandem begegnete" (S. 28).

Die Vigilien lassen sich gemäß des dramaturgischen Spannungsbogens in drei zusammengehörige Blöcke unterteilen: Einführung (Vigilien 1 bis 3), Konflikt (Vigilien 4 bis 9) und Lösung (Vigilien 10 bis 12). In der **Einführung** werden zunächst die Figuren vorgestellt und gemäß der Zwei-Welten-Konstruktion positioniert.

Nun erst beginnt der **Konflikt**, indem beide Welten um den Studenten Anselmus ringen. Es geht um die **Entwicklung des Anselmus.** Macht er den Weg vom Studenten zum Hofrat, oder den vom Schreiber zum Poeten? Die Dynamik wird durch den ständigen Wechsel der Sphären stetig gesteigert. Spielt die vierte Vigilie hauptsächlich in der poetischen Sphäre, so ist die fünfte überwiegend in der bürgerlichen Alltagswelt angesiedelt und so weiter. Dabei sind jeweils die zwei **aufeinanderfolgenden Vigilien komplementär zueinander.** Während in der vierten Vigilie Anselmus sich erstmals bewusst der poetischen Welt zuwendet, indem er zum Holunderbaum zurückkehrt, und mit der Aussicht auf Serpentina belohnt wird, darf Veronika in der fünften Vigilie vom Hofrat Anselmus träumen und wird mit der Aussicht auf Hilfe durch die Rauerin belohnt. In der sechsten Vigilie wechselt die Szenerie abermals. Anselmus überschreitet erstmals die Schwelle des Lindhorst'schen Hauses, wo er den goldenen Topf sehen darf. Er macht damit einen entscheidenden Schritt in die Welt der Poesie. Doch in der siebten Vigilie rüstet auch die andere Seite im Kampf um Anselmus auf. Veronika erhält zum Ende der „Hexenszene" einen Spiegel, in dem sie Anselmus erblicken kann. Es ist das (negative) Pendant zum goldenen Topf des vorherigen Kapitels. Nun erfährt der Konflikt seinen Höhepunkt. In der achten Vigilie macht Anselmus eine große Liebeserklärung: „‚O meine – meine Serpentina! […] wie sollte ich denn nur von dir lassen können, wie sollte ich dich nicht lieben ewiglich!‘ " (S. 71) Das Liebesversprechen wird mit einem Kuss besiegelt. Doch bereits in der nächsten Vigilie macht er Veronika ein Heiratsversprechen. Ein unlösbarer Konflikt ist auf seinem Höhepunkt. Sowohl Veronika als auch Anselmus durchleiden eine Krise. Sie wird melancholisch-depressiv, er ist in der Flasche eingeschlossen.

Es folgt die Phase der **Lösungen**. Nach dem großen Kampf im Hause des Archivarius finden Anselmus und Serpentina endgültig zueinander. Er ist nun Dichter und lebt mit Serpentina in Atlantis. Komplementär dazu findet auch Veronika in der darauffolgenden elften Vigilie ihr bürgerliches Glück. Sie heiratet den bisherigen Registrator Heerbrand und wird Hofrätin. Doch ein Problem steht noch aus. Es ist der Erzähler selbst. Dieser hatte sich jeweils am Ende der oben skizzierten Phasen zu Wort gemeldet und damit diese Struktur unterstrichen. Wie Anselmus und Veronika erleidet er nun selbst eine große Krise und weiß nicht, wie er das Märchen beenden soll. Im Gegensatz zu Anselmus kann er nicht so einfach nach Atlantis entfliehen. Dieses Problem wird schließlich in der abschließenden zwölften Vigilie gelöst, indem er auf der **Metaebene** – in einer unter Alkoholeinfluss erlebten Vision – die beiden Welten zusammenführt.

Struktur mit Metaebene

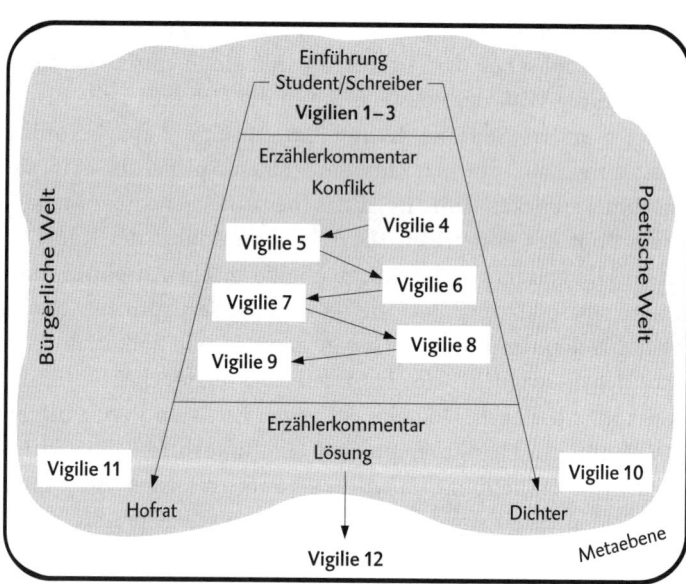

Die **Parallelführung** in der Grobstruktur wird in der **Fein-struktur** fortgesetzt. Viele Details haben ihre Entsprechung auf der jeweils anderen Seite. So ist der Metallspiegel der Alten das Pendant zum Kristallspiegel des Archivarius; dem profanen Doppelbier im Wirtshaus steht als geistiges Getränk der Rhein-wein des Archivarius gegenüber; dem Papagei als Assistenten des Archivarius entspricht der Kater als Helfer der Alten; hat der Archivarius einen entlegenen Palast, so bewohnt die Alte ein abseitiges Hexenhaus und auch die blauen Augen Veronikas und Serpentinas stimmen überein.

Raum und Zeit

Im Untertitel steht: **Ein Märchen aus der neuen Zeit**. Was damit gemeint ist, zeigt sich bereits im ersten Satz: „Am Him-melfahrtstage, nachmittags um drei Uhr, rannte ein junger Mensch in Dresden durchs Schwarze Tor [...].“ (S. 5) Hier wird nicht mit einer vagen Formel wie „Es war einmal“ hantiert, hier wird die Handlung auch nicht an einen unbestimmten, nicht (mehr) existierenden Ort gelegt. Raum und Zeit der Handlung werden exakt benannt.

Der **Handlungsschauplatz** ist **Dresden**, und zwar das Dres-den der kriegerischen napoleonischen Auseinandersetzungen (1813/1814), das Hoffmann selbst erlebte und das seinen Zeit-genossen wohl vertraut war. Die Lokalitäten verweisen auf die Gegenwart. Neben dem Lokalkolorit, wie den berühmten Kreuzschülern (vgl. S. 82), benennt Hoffmann konkret Musik-stücke, Straßen, Läden, Gaststätten und Tore seiner Zeit: „Schwarze Tor“ (S. 5), „Linkischen Bade“ (S. 6), „Donauweib-chen“ (S. 9), „Kosel'schen Garten“ (S. 13), „Anton'schen Garten“ (S. 14), Kapellmeister Graun“ (S. 18), „Conradis Laden“ (S. 20), „Kreuzkirche“ (ebd.), „Schlossgasse“ (S. 37), „Neumarkt“ (ebd.), „Moritzstraße“ (ebd.), „Seetor“ (S. 41), „Neustadt“ (ebd.), „Elb-brücke“ (ebd.), „Goldnen Engel“ (S. 58), „Helm“ (ebd.), „Stadt

Naumburg" (ebd.), „Pirnaer Tor" (S. 74), „Josephs" (S. 84), „Sonntagskind" (S. 91), „Schwestern von Prag" (ebd.). Das bedingt aber in keiner Weise eine naturalistische Beschreibung der Handlungsorte. Zwar werden Vorstellungsräume eröffnet, allerdings werden die jeweiligen **Schauplätze immer aus einer bestimmten Perspektive** dargestellt, so etwa das Haus der Alten aus Sicht Veronikas oder das Haus des Archivarius aus Anselmus' Sicht. Je nach Gemütslage ist es dann Hexenhaus oder arme Bauernkate, respektive biedere Bürgervilla oder orientalischer Palast. Parallel dazu gibt es aber auch das **poetische Reich Atlantis.** Inwieweit dieses ebenso physisch zu betrachten ist wie die Stadt Dresden oder eben nur als fantastische Innenwelt, bleibt offen.

Dresden um 1800: Frauenkirche, Zwinger und Augustusbrücke

Gestaltung des Raumes

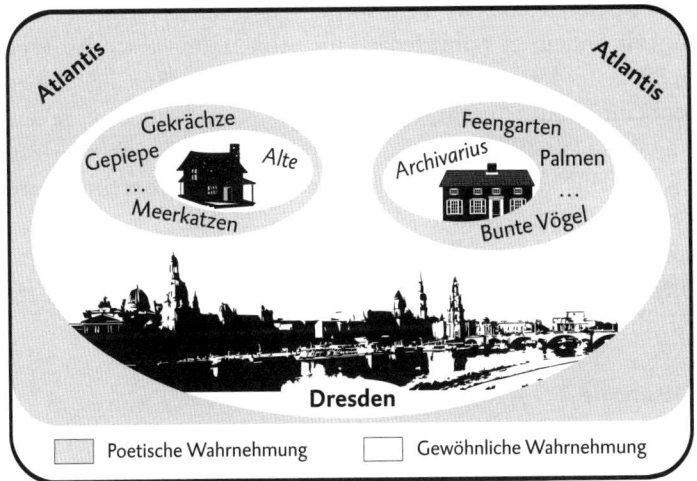

Auch das **Zeitgerüst** unterscheidet sich erheblich von gewöhnlichen Märchen. *Der goldne Topf* spielt nicht nur in der **Gegenwart**, sondern der Handlungsverlauf ist über **exakte Zeitangaben** konkret bestimmbar. Er beginnt am Himmelfahrtstag um drei Uhr und endet im Folgejahr an Veronikas Namenstag, dem vierten Februar – schließt man den Erzähler mit ein, etwas später. Allerdings wird **nicht strikt chronologisch erzählt**. So spielt etwa die Handlung der sechsten Vigilie vor der fünften Vigilie, der Anfang der elften Vigilie liegt vor der zehnten Vigilie und immer wieder wird die Erzählung durchbrochen, indem sich der Erzähler an den Leser wendet. Zum groben Zeitgerüst gesellen sich **exakte Uhrzeiten**. Das Spiel mit diesen Zeiten hat einen doppelten Effekt. Zum einen kennzeichnet es die **Pedanterie einer bürgerlichen Welt**, in der Pünktlichkeit eine enorme Rolle spielt. Zum anderen wird dies **ironisch gebrochen**, wenn gerade der Archivarius, der Inbegriff der poetischen Welt, den Tagesablauf von Anselmus exakt nach der Uhrzeit einteilt –

12.00 Uhr Arbeitsbeginn, 15.00 Uhr Pause, 16.00 Uhr Arbeits-
fortsetzung, 18.00 Uhr Feierabend – und diese Termine strikt
einhält, indem er punktgenau zum Arbeitsende erscheint (vgl.
S. 52 f.). In der sechsten Vigilie heißt es gar: „Auf den Schlag
vier Uhr stand [Anselmus] auf, um an seine Arbeit zu gehen,
und diese Pünktlichkeit schien dem Archivarius Lindhorst wohl
zu gefallen." (S. 52) Dem steht allerdings eine **unbestimmbare
Atlantis-Zeit** gegenüber. Wenn der Archivarius noch Trauer
trägt, weil sein Vater vor kurzer Zeit gestorben sei – kurz meint
hier 385 Jahre! –, dann handelt es sich sicherlich um eine andere
Zeitdimension (vgl. S. 24).

Zeitstruktur

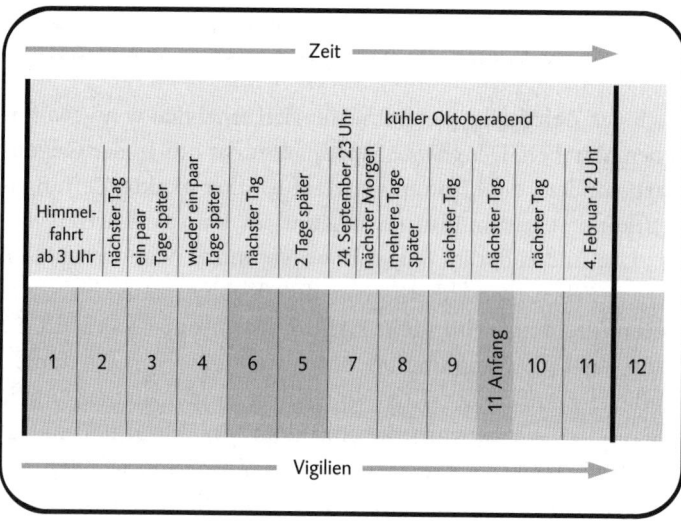

Der starke Realitäts- und Gegenwartsbezug ist allerdings keineswegs gleichbedeutend mit einer realistischen Erzählweise. Er
eröffnet aber eine Vorstellungswelt, die das Spiel von **Alltag
und Poesie** erst ermöglicht. In einem gewöhnlichen Märchen

zaubert der Zauberer und die Hexe hext. Das wird nicht hinterfragt, weil das die Verabredung für ein Märchen ist. Es ist Fiktion, es ist die Gattung Märchen, da gelten andere Regeln. Diese Eigengesetzlichkeit der Märchenwelt funktioniert bei einem solch starken Gegenwartsbezug nicht mehr. Die reale Lebenswelt, bzw. der Vorstellungsraum, der über die konkreten Angaben eröffnet wird, stellt eben **keine Märchenwelt** dar. Daher wird im *goldnen Topf* das Wunderbare auch nicht einfach so hingenommen, sondern es werden immer wieder **Erklärungsversuche** gemacht. So denkt beispielsweise Anselmus bei seiner ersten Begegnung mit Serpentina: „[D]as ist denn doch nur der Abendwind, der heute mit ordentlich verständlichen Worten flüstert." (S. 10) Später ist er von „den süßen Düften des Feengartens berauscht" (S. 48), also nicht mehr bei klarem Verstand. Weitere Erklärungsversuche gehen von Tagtraum über Alkohol bis hin zum Wahnsinn. Letztendlich werden die wundersamen Dinge zwar nicht aufgelöst, aber eine Erklärungsmöglichkeit innerhalb des Rahmens der zeitgenössischen Alltagswelt bleibt bestehen – wenngleich sie nicht immer als wahrscheinlich erscheint.

3   Erzählperspektive

Zwei Besonderheiten prägen die Erzählperspektive: Zum einen ist sie nicht einheitlich, sondern **multiperspektivisch**. Zum anderen schaltet sich immer wieder der **Erzähler** selbst ein und **wendet sich direkt an den Leser**.

Üblicherweise gibt es im Märchen einen (allwissenden) Erzähler, der die Geschichte ohne Unterbrechung von Anfang bis Ende durcherzählt – nicht so bei Hoffmann. Im *goldnen Topf* wechselt ständig die Erzählperspektive. Hat es zu Beginn den Anschein, als ob auch hier ein allwissender Erzähler seine Geschichte erzählt, so tritt dieser doch immer wieder in den Hintergrund und überlässt der **personalen Sichtweise der einzelnen Figuren** das Feld. Das hat große Auswirkungen für die Interpretationen der einzelnen Szenen, denn hier wird nicht ein Sachverhalt „objektiv" von außen dargestellt, sondern es werden mehrere „**subjektive" Erklärungsmuster** angeboten, die eine **Mehrdeutigkeit** zur Folge haben. Nur so gelingt es, den **Schwebezustand von realer bürgerlicher Welt und dem Reich der Poesie** aufrechtzuerhalten. Zwei Formen kommen dabei zum Einsatz: Zum einen wird ein und derselbe **Sachverhalt** oder ein und dieselbe Person **aus mehreren Perspektiven** geschildert. So etwa der Archivarius Lindhorst. Bevor er selbst die Szenerie betritt, hat der Leser bereits seine Stimme vernommen (vgl. S. 11) und aus der Perspektive des Registrators Heerbrand erfahren, dass er ein wunderlicher Mann sei, den er für einen forschenden Antiquar und experimentierenden Chemiker halte (vgl. S. 18). Dann erst tritt der Archivarius selbst in Erscheinung. Seine wundersame Erzählung wird von Heerbrand mit dem schroffen Hinweis, das sei doch orientalischer Schwulst, unterbrochen (vgl. S. 23). Die weiteren Handlungen des Archivarius erfährt der Leser aus der Perspektive des Anselmus. Am Ende wechselt dann abermals die Perspektive. Nun wird die Begegnung mit dem Archivarius aus der Perspektive des Erzählers selbst geschildert (vgl. S. 96 ff.).

Zum anderen **wechselt** aber auch, je nach Gemütslage, die **Sichtweise ein und derselben Person**. So etwa bei Veronikas erstem Besuch im Hause der Rauerin. Zunächst wird, und zwar aus ihrer Perspektive, die gruselige Atmosphäre einer Hexenküche beschrieben. Da gibt es Meerkatzen, Raben und einen schwarzen Kater, es herrscht „Gekrächze und Gepiepe" (S. 42 f.). Übrig bleibt davon: „eine gewöhnliche ärmlich ausstaffierte Stube." (S. 43) Wird die Deutung schon dadurch erschwert, dass unterschiedliche Perspektiven nebeneinander existieren, potenziert sich das Ganze noch, weil die Perspektive einer Person selbst zur labilen Sache wird.

Eine vom Erzähler herbeigeführte **Illusionsdurchbrechung** ist im traditionellen Märchen unüblich, denn kaum eine andere Gattung ist so stark darauf bedacht, die Illusion aufrechtzuerhalten. Im *goldnen Topf* geschieht dies gleich viermal. Zweimal wendet sich der Erzähler an den Leser, und bittet um sein Mitgefühl für den Protagonisten Anselmus (vgl. S. 28 f. und S. 82 f.). Ein weiteres Mal treibt er gar ein **ironisches Spiel** mit dem Leser, indem er ihn zum Akteur der nächtlichen Szenerie macht, um dann damit zu enden:

> *Weder du, günstiger Leser! noch sonst jemand, fuhr oder ging aber am dreiundzwanzigsten September in der stürmischen, den Hexenkünsten günstigen Nacht des Weges, und Veronika musste ausharren am Kessel in tödlicher Angst, bis das Werk der Vollendung nahe.* (S. 59)

Am kühnsten aber tritt der Erzähler in der zwölften Vigilie auf. Dort klagt er dem Leser sein eigenes Leid, um dann als Figur in seine eigene Fiktion zu treten. Neben den üblichen Funktionen der Leseransprache (Vertrauen zum Leser aufbauen, Beglaubigung des Geschehens, Vermittlung einer bestimmten Sichtweise) wird hier nicht nur ein bei Romantikern beliebtes Stilmittel angewandt, sondern auch die romantische Forderung nach einer gegenseitigen Durchdringung von Leben und Poesie erfüllt. Zusammen mit weiteren Merkmalen, wie den komplexen psychischen Prozessen in den Figuren oder auch dem mehrsträngigen Erzählaufbau, entfernt sich *Der goldne Topf* weit vom traditionellen Märchen und nähert sich stark der **Gattung Roman** an. Die Herausgeber der kritischen Hoffmann-Werkausgabe kommen zu dem Schluss: „*Der goldne Topf* ist ein Entwicklungsroman in Märchenform, ein reflektierter Märchenroman."[1]

Eine weitere Besonderheit des Erzählens ist auffällig. Hierbei zeigt sich die Theatererfahrung Hoffmanns. **Wie auf der Bühne** werden die Figuren in die Szenerie geworfen und beginnen zu sprechen, bevor man weiß, um wen es sich dabei handelt. So beginnt etwa die zweite Vigilie mit den Worten: „Der Herr ist wohl nicht recht bei Troste!" (S. 12), bevor man überhaupt mitbekommt, wer da spricht. In der dritten Vigilie muss man sich sogar über zwei Seiten lang gedulden, bis man erfährt, dass es der Archivarius ist, der hier eine Geschichte erzählt. Ähnliches geschieht in den Vigilien 5, 6 und 11.

4 Figurenkonstellation

In einem Märchen gibt es in der Regel eindeutige Stereotypen – nicht so in E.T.A. Hoffmanns „Märchen aus der neuen Zeit". Die **Figuren sind vielschichtig**, man kann sie nicht eindeutig einer der zwei Sphären zuordnen, also der bürgerlichen Welt oder der Welt des Wunderbaren. So tritt etwa Lindhorst, Salamander in der poetischen Welt, in der bürgerlichen als geschätzter Archivar auf. Und selbst der spießbürgerliche Konrektor Paulmann kommt mit der Welt des Wunderbaren in Berührung. **Beide Welten** sind nicht als strikt getrennt voneinander zu betrachten, sondern beide erheben ihren Geltungsanspruch, **durchdringen einander**. Dabei werden beide Sphären in den jeweiligen Figuren wirksam, mal etwas mehr, mal etwas weniger. Die in der Sekundärliteratur häufig auftauchende Einteilung in eine bürgerliche Welt (mit den Figuren Heerbrand, Paulmann und Veronika) sowie in eine poetische Welt (mit der Alten, dem Archivarius und Serpentina) greift dabei zu kurz. Sie berücksichtigt weder das **Ineinandergreifen beider Welten in einer Person**, noch wird dabei das **Ringen der Figuren mit diesen zwei Welten** abgebildet. Dass Veronika am Ende Frau Hofrätin

ist und Anselmus Dichter in Atlantis, ist ja nicht von Beginn an
so festgelegt, sondern das Ergebnis eines Prozesses, einer Figu-
renentwicklung.

Komplementäre Figuren

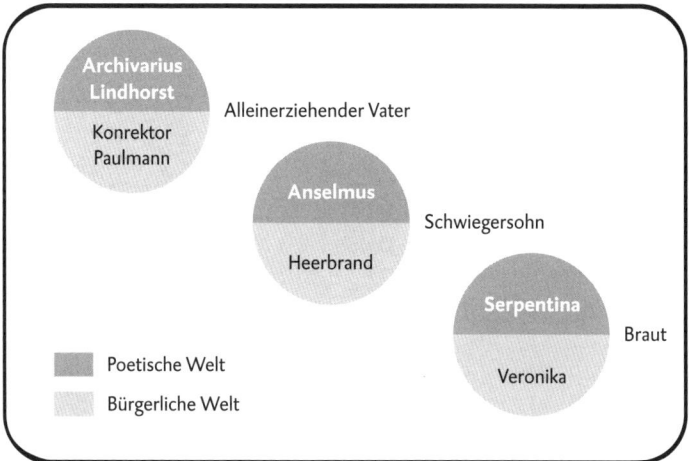

Dennoch kann man eine komplementäre Anlage der Figuren erkennen. Es gibt mit dem Konrektor Paulmann und dem Archivarius Lindhorst in beiden Bereichen einen **alleinerziehenden
Vater**, Mütter spielen im *goldnen Topf* keine Rolle. Diese bekommen mit Heerbrand und Anselmus jeweils einen **Schwiegersohn**. Die entsprechenden **Bräute** (Töchter), Veronika und
Serpentina, sind ja schon über ihre blauen Augen miteinander
verbunden. Man kann die Figuren aber auch hinsichtlich ihrer
Positionierung gegenüber Anselmus einordnen. Jede Figur
hat ein bestimmtes Interesse daran, welche Entwicklung Anselmus nehmen wird. Hierbei lassen sich **zwei Lager** ausmachen.
Die einen wollen ihn in die bürgerliche Welt integrieren, die anderen aus ihm einen Poeten in Atlantis machen.

Figurenkonstellation

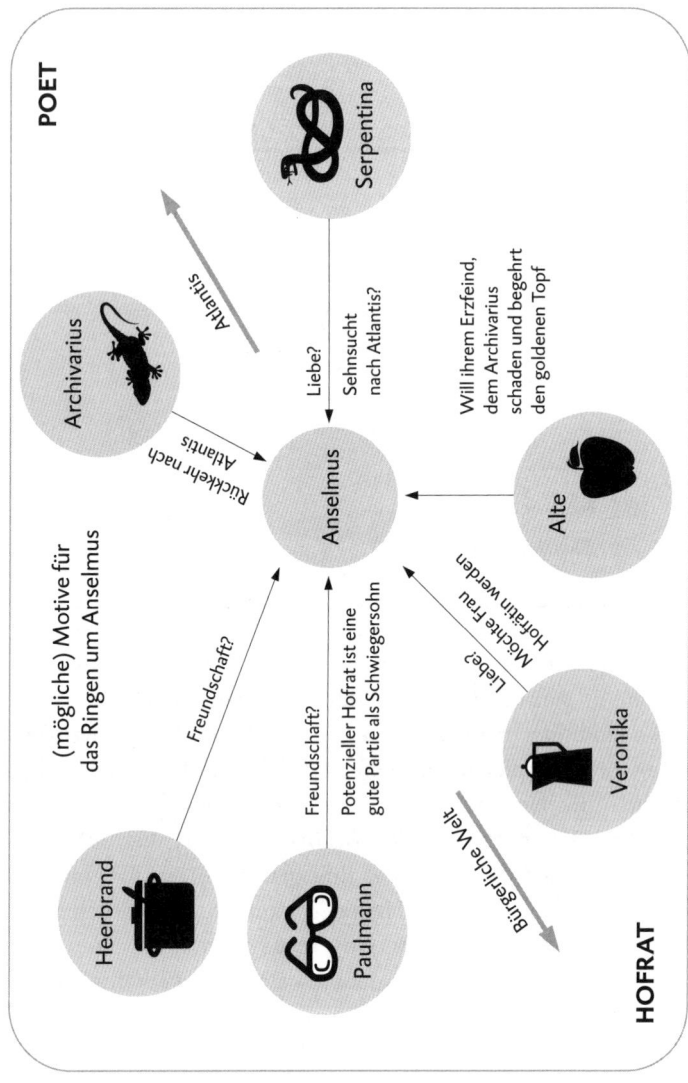

Anselmus

Der Student Anselmus (zur Namensgebung siehe Kapitel zur Entstehungsgeschichte) ist das, was man gemeinhin einen **Einzelgänger** oder Sonderling nennt. Registrator Heerbrand bezeichnet ihn gar als „kurioses Subjekt" (S. 36). Schon sein Äußeres hebt ihn von der Masse ab. Mit wohlgebildetem Gesicht und kräftigem Wuchs trägt er Kleidung, die einerseits aus der Mode ist, die andererseits auch gar nicht zu seinem Gang und seiner Stellung passen will (vgl. S. 6). Er ist ein Sonderling vom Typ: **Tollpatsch, Tagträumer und Pechvogel**. Die Erzählung beginnt damit, dass er den Apfelkorb der Alten umrennt. Neben den Ungeschicklichkeiten, von denen er selbst berichtet (vgl. S. 7 f.), wird er im Laufe des Märchens noch seine Pfeife und seinen Tabaksbeutel liegen lassen (vgl. S. 13), in dem einzigen schmutzigen Fleck des Weges ausgleiten (vgl. S. 17) sowie das

Nähkästchen Veronikas herunterreißen (vgl. S. 74). Und obwohl er einen „innerlichen Abscheu gegen alle Selbstredner" (S. 13) hegt, wird er selbst zu einem.

Dem ungeachtet ist Anselmus zunächst weder der **bürgerlichen Welt** abgeneigt, noch in Gänze untauglich für diese. Sein Plan ist es ja gerade, wie jeder normale Student am Himmelfahrtstag „so recht schlampampen zu können" (S. 6). Auch eine solide bürgerliche Ehe mit Veronika bleibt lange im Bereich des Vorstellbaren. Konrektor Paulmann hat ihn, zumindest bis zur Gondelfahrt auf der Elbe, „immer für einen soliden jungen Mann gehalten" (S. 16) und Registrator Heerbrand erkennt in ihm einen „geschickten Zeichner" (S. 19), weswegen er dem Archivarius Lindhorst als Schreiber und Kopist vorgeschlagen wird. Anselmus selbst sieht hierin sogar seine „wahre Passion" (S. 19). Er besitzt die „besten Schulstudia" (S. 36), kann hinreichend Klavier spielen (die bürgerliche Tugend par excellence) und Registrator Heerbrand will in ihm gar einen zukünftigen Hofrat wahrnehmen (vgl. S. 36). Dem steht allerdings nicht nur seine Ungeschicklichkeit im Weg, sondern seine **Empfänglichkeit für das Wunderbare**, sein „kindliches poetisches Gemüt" (S. 70). Anselmus besitzt jene „**Sehnsucht** nach dem unbekannten Etwas" (S. 28), „welche dem Menschen ein anderes höheres Sein verheißt" (S. 29).

Ohne dieses Gemüt wäre es ihm nicht möglich, Serpentina zu lieben und zur Frau zu nehmen sowie als Dichter in Atlantis zu leben. Aber es ist ein zähes Ringen. Denn Anselmus' Verhalten wird von den anderen immer wieder rational zu deuten versucht. Ob Alkohol, Tagtraum, Fantasie oder Krankheit – Anselmus ist selbst verunsichert von diesen Erklärungsversuchen und oft genug **kehrt er in die bürgerliche Welt des Konrektors Paulmann zurück**. Nicht nur physisch, sondern auch mental, wie etwa in der neunten Vigilie: „Er musste herzlich über die tolle Einbildung lachen, in eine kleine Schlange verliebt zu sein und einen wohlbestallten geheimen Archivarius für einen Salamander zu halten." (S. 75) Aus der Perspektive des Wunderbaren allerdings ist die **Zeit beim Archivarius eine Lehrzeit** (vgl. S. 54). Vielen Anfeindungen ausgesetzt, führt nur der feste Glaube an Serpentina zum „Glück im höheren Leben" (ebd.). Hin und her gerissen zwischen der bürgerlichen Welt und dem Wunderbaren gewinnt schließlich Letzteres die Oberhand. **Anselmus wird Dichter** und lebt künftig mit Serpentina in **Atlantis**. Damit hat er eine Entwicklung vom gewöhnlichen Schreiber hin zum Schriftsteller vollzogen.

Archivarius Lindhorst

Der Archivarius Lindhorst ist eine Doppelfigur. Bereits der Name deutet diese **Doppelexistenz** an. Assoziiert man mit Lindhorst naheliegenderweise einen Lindwurm und einen Adlerhorst, so setzt sich der Name aus einem **Fabelwesen**, einem Drachen, und einer **bürgerlichen Tätigkeit**, dem Archivieren, zusammen. Dabei sind die Schriften, die er aufbewahrt, alles andere als gewöhnlich. Es sind seltene Bücher und Manuskripte, die teils in Zeichen verfasst sind, die keiner bekannten Sprache angehören (vgl. S. 18). In der gewöhnlichen Welt

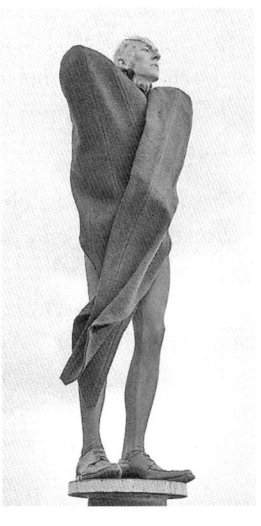

gilt der Archivarius Lindhorst, ebenso wie Anselmus, als **Sonderling**. Vom Registrator Heerbrand wird er als „alter wunderlicher merkwürdiger Mann" (S. 18) beschrieben, der „allerlei geheime Wissenschaften" (ebd.) treibe. Heerbrand hält ihn für einen „forschenden Antiquar" (ebd.) und einen „experimentierenden Chemiker" (ebd.). Von ihm erfahren wir auch, dass der Archivarius in einem „entlegenen alten Hause" (ebd.) wohne und sich dort vornehmlich in seiner Bibliothek oder seinem chemischen Labor aufhalte, in das er aber niemanden hereinlasse. Das **Verhalten des Archivarius** ist durchaus **ambivalent**. So wird er einerseits als „zorniger Mann" (S. 19) beschrieben, andererseits als „sanftmütig" (S. 27). So sagt er einerseits, als ihm Heerbrand und Anselmus wegen der Kopiertätigkeit in den Weg treten, wie lieb ihm das sei, schiebt andererseits aber beide schroff beiseite und eilt von dannen (vgl. S. 27). Am deutlichsten zeigt sich diese Ambivalenz in der vierten Vigilie:

> *Der gleichgültige Ton, in dem dieser sprach, hatte im grellen*
> *Kontrast mit den wunderbaren Erscheinungen, die er wie ein*
> *wahrhafter Nekromant hervorrief, etwas Grauenhaftes, das*
> *durch den stechenden Blick der funkelnden Augen, die aus den*
> *knöchernen Höhlen des magern, runzlichten Gesichts wie aus*
> *einem Gehäuse hervorstrahlten, noch erhöht wurde* (S. 34).

Dabei bleibt unklar, ob die äußerliche Beschreibung des Archivarius nicht nur eine subjektive Wahrnehmung des Anselmus
ist. Wenn der Archivarius dann in der gewöhnlichen Welt davon spricht, dass er „eigentlich **ein Prinz**" (S. 24) sei, erntet er
dafür natürlich nur Gelächter.

Allerdings verweist er damit auf die **Welt des Wunderbaren**. Dort nämlich ist er ein **Salamander**. Dass er auf der Erde
weilen muss, ist die Strafe dafür, dass er aus Liebeskummer den
Garten des Geisterfürsten Phosphorus verheerte, dessen Lieb-
ling er doch eigentlich ist (vgl. S. 72). Erst wenn er seine drei
Töchter an kindlich poetische Gemüter vermählt hat, kann er in
das Geisterreich zurückkehren. Insofern hat er natürlich ein großes **Interesse an Anselmus' Treue zu Serpentina** und entwickelt sich zu dessen **Mentor**. Ungeachtet dessen zeigt er auch
hier auf der Erde einige seiner Fähigkeiten aus dem Reich des
Wunderbaren. So schnippt er dem Registrator Heerbrand mit
den Fingern Feuer, was dieser als „chemische Kunststückchen"
(S. 72) abtut, so erscheint er beim Konrektor Paulmann in der
„Terrine" (S. 80) und so eilt er fliegend als „ungeheurer Adler"
(S. 60) herbei oder wie ein „weißgrauer Geier" (S. 35) davon,
wobei auch hier unklar bleibt, ob er wirklich fliegt oder ob es
sich um eine subjektive Sinnestäuschung handelt. Gleiches gilt
für das **Haus**, in dem der Archivarius wohnt. **Voller merkwürdiger Tiere und Pflanzen** scheint es zu sein, aber nur solange,
wie nicht die bürgerliche Vernunft die Oberhand gewinnt. In
dieser nüchtern-rationalen Stimmung aber ist Anselmus, als er
nach dem Punschabend zum Archivarius kommt:

Als er nun mittags durch den Garten des Archivarius Lindhorst ging, konnte er sich nicht genug wundern, wie ihm das alles sonst so seltsam und wundervoll habe vorkommen können. Er sah nichts als gewöhnliche Scherbenpflanzen, allerlei Geranien, Myrtenstöcke u. dergl. Statt der glänzenden bunten Vögel, die ihn sonst geneckt, flatterten nur einige Sperlinge hin und her (S. 80).

Obwohl der Archivarius Lindhorst in seiner Eigenschaft als Salamander die Alte bezwingt und Anselmus und Serpentina deren Glück in Atlantis ermöglicht, ist **für ihn das Ende offen**. Es bleibt unklar, ob es ihm gelingen wird, seine zwei anderen Töchter zu vermählen, um selbst wieder ins Geisterreich zurückkehren zu können.

Die Alte

Wie der Archivarius Lindhorst so hat auch die Alte eine **Doppelnatur**. In der bürgerlichen Welt betrachtet man sie als das „Äpfelweib" (S. 20), die „Frau Rauerin" (S. 41) oder auch Veronikas ehemaliges Kindermädchen „Liese" (S. 44). Doch schnell wird deutlich, dass sie kein einfaches Äpfelweib ist. Ihr haftet auch in der gewöhnlichen Welt **etwas Unheimliches** an. Bereits in der Eingangsszene, als sie den Anselmus verflucht,

verstummt das lachende Volk vor Entsetzen (vgl. S. 5) und Angelika Oster, Veronikas Freundin, sieht in ihr gar eine große Seherin (vgl. S. 41). In der **Welt des Wunderbaren** gibt sie das typische **Hexenwesen** und wird von Anselmus auch die „Hexe vom Schwarzen Tore" (S. 26) oder „verdammtes Hexenweib"

(S. 85) genannt. Allein die äußere Beschreibung deutet auf solch ein Wesen hin: „ein langes, hageres, kupfergelbes Weib mit spitzer Habichtsnase und funkelnden Katzenaugen" (S. 58); sie ist ein „altes hässliches Weib" (S. 5) mit „krächzende[r]" (ebd.), „schnarrender Stimme" (S. 43), „spitzigen Zähne[n]" (S. 20), einem „spitze[n] Kinn" (S. 42), „zahnlose[n] Maul" (ebd.), „schwarze[n] borstige[n] Haare[n]" (S. 42), „der Hexe Knochenhand" (ebd.) und „glutroten Augen" (S. 87). Sie sieht aber nicht nur aus wie eine Hexe, sondern hat auch magische Fähigkeiten. So verwandelt sie sich etwa in einen Türknauf (vgl. S. 20) oder in eine Kaffeekanne (vgl. S. 85) und schenkt Veronika einen magischen Spiegel (vgl. S. 62) – ein Pendant zum Ring des Archivarius, dessen Strahlen zum „leuchtenden Kristallspiegel" (S. 33) werden. Auch die Szene in der Tagundnachtgleiche erinnert an eine Hexenküche (vgl. S. 57 ff.).

Die Alte ist die große **Gegenspielerin des Archivarius** und äußert das Veronika gegenüber auch: „Der Archivarius ist mein größter Feind" (S. 45). Dieser wiederum bezeichnet die Alte als „fatale Kreatur" (S. 34). Im Gegensatz zum Archivarius ist die Alte **auf der Erde beheimatet**, hervorgegangen aus der Verbindung einer Drachenfeder und einer Runkelrübe (vgl. S. 71). Allerdings haben die Alte und der Archivarius einige Gemeinsamkeiten. Wie der Archivarius wohnt auch die Alte in einer „entlegenen Straße" (S. 41) und wie der Archivarius gebietet auch sie über allerlei Getier: Meerkatzen, Meerschweinchen, Fledermäuse, einen Raben und einen schwarzen Kater, der parallel zum grauen Papagei des Archivarius, die Funktion eines Adjutanten einnimmt (vgl. S. 42 f.). Und: Ebenso wie der Archivarius, der nicht selbstlos zum Mentor des Anselmus wird, verfolgt auch die Alte ihre eigenen Ziele: „[M]ein Geschäft hier ist noch von anderer Art." (S. 86) Sie **will den goldenen Topf**. Nur um diesen zu erlangen, hilft sie Veronika, denn sie hat das unabwendbare Schicksal ja selbst vorhergesagt: „[E]r wird niemals Hofrat werden" (S. 44). Immerhin ist ihre erste Vorhersage „ins Kristall bald dein Fall" (S. 5) auch in Erfüllung gegangen. Am Ende kommt es zum **großen Kampf zwischen der Alten und dem Archivarius**, den die Alte schließlich verliert – übrig bleibt „eine **garstige Runkelrübe**" (S. 88). Diese wird vom Papagei, der den Kampf der Adjutanten gegen den Kater ebenfalls gewinnt, in den Schnabel genommen und er fliegt damit zum Fenster hinaus.

Konrektor Paulmann

Keiner verkörpert die **bürgerliche Welt** so wie der Konrektor Paulmann. Er, Perückenträger und Vater von Veronika und Fränzchen, ist der **Spießbürger schlechthin**. Der Beruf bedeutet für ihn alles und so sieht er zwangsläufig die „Schulstudia" als Grundlage zu allem (vgl. S. 36). Seine Dienstbezeichnung wird immer mit genannt (wie bei Heerbrand), obwohl es niemals um dienstliche Aspekte geht. Das unterstreicht die Bedeutung, die der **gesellschaft-**  **lichen Stellung** beigemessen wird. Bei Paulmanns zu Hause wird Klavier gespielt, das bürgerliche Instrument par excellence. Die Musik dazu komponiert der Konrektor teils selbst (vgl. S. 18). Auch beim Essen geht es vernünftig und mit Maß zu, Freunden bereitet Paulmann lediglich eine „frugal[e] Mahlzeit" (S. 17), bestenfalls eine Suppe (vgl. S. 75). Bei ihm zu Hause tauchen neben dem Klavier viele weitere Insignien eines bürgerlich-behaglichen Familienlebens auf: „Kaffeekanne" (S. 39), „Stickrahmen" (ebd.), „Nähkästchen" (S. 74), „Taschenuhr" (S. 76)

und „Punschterrine" (S. 78). Die Lektüre von „Cicero de Offi-
ciis" (S. 38) weist ihn als **belesen** aus, zeigt aber auch, worauf es
ihm ankommt. In dieser Schrift geht es nämlich um die Pflicht-
erfüllung als sittliche Aufgabe. Über die **Poesie** als solche äußert
er sich mehrfach **abfällig** (vgl. S. 16 und S. 39).

Paulmann ist stets **um rationale Erklärungen bemüht**. So
vermutet er bei Anselmus „Phantasmata" (S. 17), bezeichnet
Veronikas Tagträume als „Romanenstreiche" (S. 39), konsultiert
bei der kleinsten Anomalie Doktor Eckstein (vgl. S. 91) und
rechtfertigt selbst den eigenen sowie des Registrators Rausch als
ansteckenden Wahnsinn (vgl. ebd.). Die **Abweichung vom
Normalen ist ihm so zuwider**, dass er bei jeder Verhaltens-
auffälligkeit aus der Haut fährt. So wirft er seiner Tochter Veronika vor, „man hat ja Anfälle wie der Anselmus" (S. 38). Anselmus selbst herrscht er mit den Worten an: „Herr Anselmus [...]
rappelt's Ihnen im Kopfe?" (S. 77) Und schließlich bekommt
auch Heerbrand sein Unverständnis zu spüren: „Herr Hofrat,
was sprechen Sie denn auch wieder für Zeug?" (S. 95)

Nichtsdestoweniger ist aber auch die Figur des Konrektors
nicht eindimensional angelegt. Selbst bei ihm bleiben viele
Fragen offen; Fragen, die rational nicht zu beantworten sind und
die in die Welt des Wunderbaren weisen. So ist er es, der Anselmus nach der Türknaufszene findet und nach Hause bringt:
„Der Konrektor Paulmann war eben durch die Straße gegangen,
als er [Anselmus] ganz von Sinnen vor der Haustür lag" (S. 25).
Es ist die Rede von der Haustür des Archivarius, der in einem
entlegenen Haus wohnt. Wie kommt man zufällig an einem entlegenen Haus vorbei? Ein weiteres Mal trifft er – wieder zufällig!
– den Anselmus vor dem Pirnaer Tor und spricht den rätselhaf-
ten Satz: „Nun kommen Sie nur, Sie wollten ja doch zu mir!"
(S. 74) So als wüsste er, dass die Alte mittels des magischen
Spiegels diesen Einfluss auf Anselmus ausübt. Am kuriosesten
wird es dann in der Punschszene: „Salamander bezwingt sie alle"

(S. 78), brüllt der Konrektor Paulmann und gemeinsam mit Anselmus und Heerbrand rufen sie durcheinander: „Vivat Salamander – pereat – pereat die Alte – zerbrecht den Metallspiegel, hackt dem Kater die Augen aus! – Vöglein – Vöglein aus den Lüften – Eheu – Eheu – Evoe – Salamander!" (S. 78 f.) Da klingt viel **Wissen um die Welt des Wunderbaren** mit, das mit einem normalen Alkoholrausch schwerlich zu erwerben ist.

Registrator Heerbrand

Wie Konrektor Paulmann trägt auch Heerbrand immer eine **Dienstbezeichnung:** Zunächst ist er Registrator, später Hofrat. Heerbrand ist tief in der **bürgerlichen Welt** verankert, schließlich wird er ja am Ende auch Schwiegersohn des Konrektors. Er kann Arien singen (vgl. S. 18), verurteilt die poetische Erzählung des Archivarius als „orientalische[n] Schwulst" (S. 23) und trinkt gerne das Getränk des Spießbürgers: „Doppelbier" (S. 72). Davon konsumiert er, der sonst als gutmütiger stiller Mann beschrieben wird, dann gerne einmal so viel, dass er Burschenlieder singt und unausstehlich wird (vgl. S. 72). Auch Heerbrand ist bemüht, die **Dinge zu rationalisieren:** Seine eigene Aussage, Lindhorst treibe „geheime Wissenschaften" (S. 18), relativiert er gleich wieder, „da es nun aber dergleichen eigentlich nicht gibt" (ebd.); die Trunkenheit beim Punschgelage rechtfertigt er mit des Spießbürgers Rhetorik, und zwar mit einem Sprichwort: „Ein Narr macht viele" (S. 90). Und Veronikas Ausführungen über das Reich des Wunderbaren erklärt er zur „poetische[n] Allegorie" (S. 95). Gleichfalls kommt aber in dieser Relativierung eine **Neigung zur Poesie** zum Ausdruck. Denn Heerbrand ist keineswegs so unempfänglich für die Welt des Wunderbaren wie der Konrektor Paulmann. So verteidigt er Anselmus mit den Worten: „[S]ollte man denn nicht auch wachend in einen gewissen träumerischen Zustand versinken können?" (S. 16), woraufhin er sich prompt den Tadel des Konrektors einfängt, er habe „immer solch einen Hang zu den Poeticis gehabt, und da verfällt man leicht in das Fantastische und Romanhafte." (ebd.) In der Punschszene zeigt er erstaunliche Kenntnisse. Ohne dass die Alte bis dahin thematisiert worden wäre, ruft Heerbrand in Bezug auf den Archivarius: „Aber die Alte kommt ihm über den Hals" (S. 78). Überhaupt ist bei Heerbrand eine größere **Nähe zum Archivarius** zu erkennen. Er ist es, der Anselmus von der Kopiertätigkeit erzählt und der über den Archivarius bestens unterrichtet ist (vgl. S. 18 f.), und er ist es auch, der dem Archivarius in den Weg tritt und ihn mit Anselmus bekannt macht (vgl. S. 26 f.). So kann man die zweite Hälfte des Namens Heerbrand als **Nähe zur Elementarwelt von Feuer und Salamander** deuten.

Veronika

Veronika erscheint zunächst als das **idealisierte und begehrenswerte bürgerliche Mädchen:** Sie ist ein „hübsches blühendes Mädchen von sechzehn Jahren" (S. 16), ist schlank (vgl. S. 58), hat „schöne dunkelblaue Augen" (S. 16.), „eine feine Hand" (S. 38), „lange[s] kastanienbraune[s] Haar" (S. 58) sowie eine „helle klare Stimme" (S. 17) – in den Augen Heerbrands gar „eine Stimme wie eine Kristallglocke" (ebd.). Allerdings ist Veronika **kein reines Vernunftwesen,** sondern gibt sich gerne Tagträumereien hin  (vgl. S. 38) und ist angezogen vom Romanhaften (vgl. S. 55). Das macht sie **empfänglich für die Welt des Wunderbaren.**

Und: Veronika hat noch eine andere Seite, ihr „festes **standhaftes Gemüt**" (S. 44). Sie war bereits ein „beherztes Kind" (S. 45) und verfolgt nun furchtlos ihr Ziel, Frau Hofrätin zu werden. Ob der Gatte Heerbrand oder Anselmus heißt, ist dabei egal, die **gesellschaftliche Stellung** scheint das Entscheidende zu sein. Als sie hört, dass Anselmus das Zeug zum Hofrat hat (vgl. S. 36 f.), geht sie bis zum Äußersten, um ihn zu bekommen: Sie lässt sich mit der Alten ein, der größten Feindin des Anselmus. Dabei merkt sie nicht, dass sie von dieser nur instrumentalisiert wird. Veronika wird immer tiefer in die Welt des Wunderbaren verstrickt. Ihre **Erlebnisse** erscheinen als **negative Spiegelungen zu Anselmus' Erfahrungen**. Während dieser die holde Serpentina schaut, wird sie durch ein Alräunchen geängstigt (vgl. S. 39). Wo Anselmus in einen Zaubergarten kommt, gelangt sie in eine Hexenküche. Schließlich trennen sich ihre Wege größtmöglich: Während Anselmus in Atlantis landet, sitzt Frau Höfrätin Heerbrand wie erträumt in dem Erker eines schönen Hauses am Neumarkt. Sie hat ihren Willen bekommen.

Doch vieles bleibt bei der Figur Veronika **rätselhaft**. Schon während des Punschgelages behauptet sie vehement, dass „der schwarze Kater keine feindliche Kreatur, sondern ein gebildeter junger Mann von feinen Sitten" (S. 78) sei. Nirgendwo sonst taucht eine Andeutung auf, dass auch der Kater (wie der Papagei des Archivarius) eine Doppelnatur haben könnte. Noch viel rätselhafter bleibt das Ende der Geschichte um Veronika. Zwar schwört sie allen Satanskünsten ab, aber die Geschehnisse in der Sphäre des Wunderbaren bleiben für sie wahr. Sie, die Vorzeigehofrätin, ist die einzige Person in der bürgerlichen Welt, die keine Rationalisierungen vornimmt. Was für Paulmann Hirngespinste sind und von Heerbrand als poetische Allegorie gedeutet wird, bleiben für Veronika reale Fakten.

Serpentina

Serpentina ist die einzige Figur, die im gewöhnlichen bürgerlichen Leben nicht auftaucht, wenngleich auch sie wie ein Bürgermädchen Klavierstunden nimmt (vgl. S. 50) und Veronika sie am Ende erwähnt (vgl. S. 94). Serpentina existiert **nur in der Welt des Wunderbaren**. Weder ist bei Gesprächen über den Archivarius von dessen Töchtern die Rede, noch wird sie von gewöhnlichen Passanten oder von der Bootsgesellschaft wahrgenommen (vgl.

S. 14 f.). Ihre „herrliche[n] dunkelblaue[n] Augen" (S. 10) korrespondieren mit denen Veronikas. Doch während Veronika die begehrenswerte Frau im Hier und Jetzt verkörpert, erscheint Serpentina als Potenzierung, als **entkörperlichtes Ideal in der Poesie**. Selbst Veronika erkennt diese Erhöhung an, wenn sie über die grüne Schlange sagt, dass sie viel schöner und reicher sei als sie selbst (vgl. S. 94). Die Unmöglichkeit, in der gewöhnlichen Welt eine goldgrüne Schlange zu lieben, wird auch Anselmus bewusst (vgl. S. 75). Doch der Glaube an sie **verwandelt Serpentina** in seinen Augen **in ein „liebliches herrliches Mädchen"** (S. 66) und führt ihn in das Reich der Poesie.

Serpentina ist ein sprechender Name. Zum einen stammt er aus dem Lateinischen (serpens = Schlange) und heißt so viel wie: **von Schlangen stammend**. Während die Schlange im christlichen Mythos negativ besetzt ist, erfährt sie im *goldnen Topf* eine Umdeutung. Die Verführung durch Serpentina hat nicht den Fall aus dem Paradies zur Folge. Ganz im Gegenteil: Der

Glaube an sie führt in das Reich des Wunderbaren, zur Poesie – dem **Paradies der Romantik** schlechthin. Zum anderen steckt in dem Namen aber auch die *figura serpentinata*. In der Renaissance entdeckt, gilt die „**Schlangenlinie**" als **Schönheitslinie** und Ideal. Bei der bürgerlichen Tätigkeit des Kalligraphierens tauchte sie als Muster in vielen Schreiblehren auf. Der Weg zur Poesie kann also nur über Serpentina führen.

Angelika Oster und Fränzchen

Während man die oben genannten Figuren als Hauptfiguren bezeichnen könnte, handelt es sich bei Angelika Oster und Fränzchen um **Nebenfiguren**. Angelika taucht überhaupt nur in der fünften Vigilie auf. Sie ist **sensibel für Okkultes** und kann sich von gewissen geheimnisvollen Dingen nicht losmachen (vgl. S. 41). Auch für das Poetische scheint sie empfänglich zu sein, da sie nach Veronikas lebhafter Erzählung vom Alräunchen zunächst sehr verängstigt ist (vgl. S. 40). Und noch eine Gemeinsamkeit mit Veronika ist augenfällig: Während Veronika der Hofmeister-Titel wichtiger scheint als die Person, die dahintersteckt (vgl. S. 36 ff.), geht es Angelika um **Ehrenzeichen** und den **Rittmeister-Titel**, egal ob der sie tragende Mann gefährlich verwundet ist (vgl. S. 40 f.). Ebenso wie die Freunde Heerbrand und Paulmann dem Anselmus als Wegbereiter zum Archivarius – und damit zur Welt des Wunderbaren – dienen, ist es die Freundin Angelika, die Veronika **den Weg zur Alten ebnet**.

Fränzchen, vier Jahre jünger als Veronika, ist als **Gegenentwurf** zu ihrer Schwester und Angelika angelegt. Sie ist ruhig, ernsthaft und mit Stickerei beschäftigt (vgl. S. 39). Vom Alräunchen merkt sie nichts, kann über die Anwandlungen ihrer Schwester nur den Kopf schütteln (vgl. ebd.). Dienstbeflissen bringt Fränzchen den älteren Freundinnen den Kaffee (vgl. S. 40) und verkörpert damit das **ideale Tugendbild eines Bürgermädchens** seiner Zeit: fleißig im Haushalt, ernsthaft, vernünftig und zurückhaltend.

5 Motive

Im *goldnen Topf* hat E.T.A. Hoffmann eine Reihe von Themen und Motiven verarbeitet. Einige wichtige werden im Folgenden aufgezeigt. Die isolierte Darstellung darf aber nicht darüber hinwegtäuschen, dass diese Themen und Motive **stets ineinandergreifen**. Eine monokausale Interpretation in Richtung nur eines Motivs muss daher immer zu kurz greifen.

Schreiben

Wie oben erwähnt, kann man den *goldnen Topf* auch als Entwicklungsroman lesen. Der Protagonist Anselmus durchläuft dabei regelrecht eine **Ausbildung zum Poeten**. Ausgangspunkt ist die biedere Beamtenatmosphäre, die seinen Bekanntenkreis um Konrektor Paulmann und Registrator Heerbrand umgibt. Diese Sphäre hat durchaus viel mit Schrift und Schreiben zu tun, doch herrscht eher die Pedanterie der Aktenordner, weniger der höhere Sinn der Poesie. So wird Anselmus von Heerbrand als „geschickte[r] Zeichner" (S. 19) vorgestellt. Doch schnell muss er feststellen, dass seine **kalligraphischen Fähigkeiten** im Hause des Archivarius nichts wert sind. Die englische Schrift, die er vorlegt, galt zur damaligen Zeit als Pädagogenstandard, aber Gelehrsamkeit und künstlerisches Genie liegen weit auseinander: „Lieber Herr Anselmus [...], Sie haben für die Kunst des Schönschreibens wirklich treffliche Anlagen, aber vorderhand, sehe ich wohl, muss ich mehr auf Ihren Fleiß, auf Ihren guten Willen rechnen, als auf Ihre Fertigkeit." (S. 51) Nun geht er durch die **poetische Schule des Archivarius**. Was diese beinhaltet, deutet Lindhorst in der dritten Vigilie an, wenn er die Erzählung von Phosphorus als „das Wahrhaftigste" (S. 24) bezeichnet. Entscheidend ist nicht die Faktizität einer äußeren Realität, sondern die **den Dingen innewohnende, innere (poetische) Wahrheit**. Der Entwicklungsprozess des Anselmus ist ein ständiges Aufeinanderprallen dieser scheinbaren Gegensätze. Bereits die Eingangsszene ist ein Initiationserlebnis für sein **Heranreifen zum Dichter**. Mit dem Gang durchs Tor überschreitet er symbolisch eine Schwelle. Es eröffnet sich sein Weg zum Dichter, zu höheren Sphären – eine „Himmelfahrt" ohne christliche Mythologie. Doch jäh wird er mit der Realität des Alltags konfrontiert und rennt in den Apfelkorb. Der negativen Welterfahrung folgt alsbald das positive poetische **Erweckungserlebnis unter dem Holunderbaum**.

Der Weg zum Dichter führt von den **handwerklichen Fähigkeiten** des Abschreibens hin zu einem **kreativen Vermögen des Dichtens**. Dabei reichen die zur Abschrift vorgelegten Texte immer weiter zurück bis zu den Anfängen der Sprache. Das geht weit über die Schriftsprache hinaus, denn Serpentinas Eingaben erfolgen mündlich. Hier kommt die romantische Vorstellung einer **Ursprache** zum Tragen, bei der Mensch und Natur noch in Einklang waren, als der Mensch die Sprache der Natur noch verstand. Anselmus wird diesen Zustand in Atlantis erreichen. Auf dem Weg dorthin hat er eine ständige **Begleiterin: Serpentina**. Sie fungiert wie eine **Muse**, die Anselmus zum poetischen Bewusstsein führt. Als er am Himmelfahrtstag zufällig und unbewusst ihre Stimme vernimmt, die er nur verstehen kann, weil er ein „kindliches poetisches Gemüt" (S. 70) hat, ist er ergriffen. Nun kehrt er „jeden Abend" (S. 31) in vollem Bewusstsein zum Holunderbaum zurück. Es ist ein erster Entwicklungsschritt. Nachdem er abermals Serpentina erblickt hat, diesmal im Ring des Archivarius (vgl. S. 33), folgt die nächste Stufe. Jetzt erst ist er bereit für die weitere Ausbildung im Hause des Archivarius. Er beginnt „aus dem Innersten heraus" (S. 66) die zu kopierenden Texte zu verstehen. Der poetischen Erweckung folgt deren **produktive Aneignung**. Dabei spielt abermals Serpentina eine entscheidende Rolle. Sie ist es, die ihm die Geschichte „Von der Vermählung des Salamanders mit der grünen Schlange" (S. 66) erzählt, sie ihm als Muse eingibt. Insofern ist durchaus wörtlich zu nehmen, wenn er mit Blick auf den Archivarius befürchtet: „dass er nicht das Mindeste kopiert habe" (S. 72). Er hat im Wortsinne auch nichts kopiert, **er hat gedichtet**. Schließlich macht ihn die **Vereinigung mit seiner Muse**, mit Serpentina, vollends zum Dichter.

Vom Schreiber zum Poeten

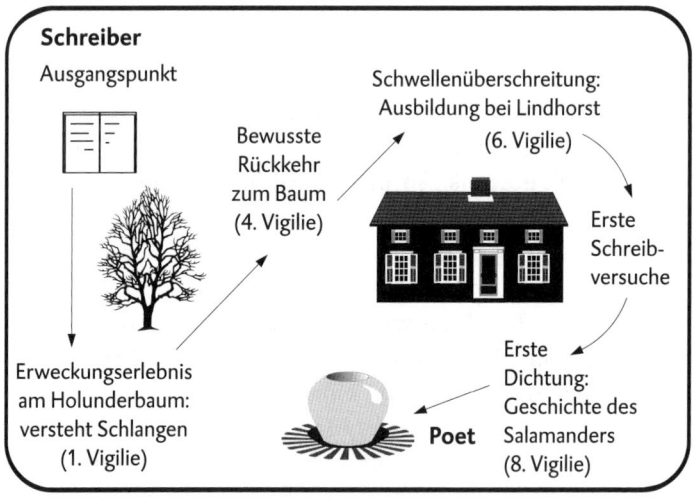

Melancholie und Wahnsinn

Zu Beginn der vierten Vigilie gibt der Erzähler selbst das Stichwort: „Melancholie des Studenten Anselmus." (S. 28) Melancholie wird im 18. Jahrhundert als **Krankheit** mit folgenden Symptomen beschrieben: trauriger Seelenzustand, Hang zur Einsamkeit, erhöhte nervliche Empfindsamkeit sowie überspannte Einbildungskraft. Sie galt als **Vorläufer des Wahnsinns**. Die Beschreibung der Entwicklung des Anselmus befindet sich im Einklang mit der medizinischen Fachliteratur der Zeit. Das beginnt mit dem traurigen Seelenzustand unter dem

Holunderbaum, gefolgt von überspannter Einbildungskraft: der Wahrnehmung von „Gelispel und Geflüster und Geklingel" (S. 9), den heftigen Wallungen beim nächtlichen Feuerwerk (vgl. S. 14 f.) sowie den Wahnvorstellungen an der Tür des Archivarius (vgl. S. 20). Es folgt in der vierten Vigilie wieder eine Phase der Einsamkeit, „ein träumerisches Hinbrüten, das ihn für jede äußere Berührung des gewöhnlichen Lebens unempfindlich machte" (S. 29). In der Punschszene steigert sich die nervliche Empfindsamkeit: „Anselmus durchzuckte der Wahnsinn des innern Entsetzens" (S. 79). Den **Höhepunkt** des Wahnsinns bildet der **Fall ins Kristall**. Anselmus hat das Gefühl, in eine Flasche eingeschlossen zu sein (vgl. S. 82 f.). Einige Interpreten wollen aus dem folgenden Verlauf, insbesondere aus der Tatsache, dass Anselmus von der Elbbrücke ins Wasser schaut (vgl. S. 84) und dann Serpentina in die Arme stürzt (vgl. S. 89), einen **Selbstmord** des Anselmus herauslesen. Diese Deutung würde zwar die medizinische Interpretation konsequent zu Ende führen, verkennt aber die Vielschichtigkeit der Motive und deren verschlungenes Ineinandergreifen.

Serpentina nähert sich dem gefangenen Anselmus (Szenenbild aus einer Inszenierung am Staatsschauspiel Dresden von 2010)

Ambivalenz zeigt sich aber auch innerhalb des Melancholie-motivs selbst. Es gibt nämlich noch eine zweite, bis in die Antike zurückreichende Tradition des Begriffes, die die Melancholie in die **Nähe des Genies** rückt und seit der Renaissance vor allem auf die dichterische Genialität abzielte. Damit wird die sprich-wörtliche Gratwanderung zwischen **Genie und Wahnsinn** zum Gegenstand der Betrachtung. Wie dicht liegen Krankheit und Kunst beisammen? Welchen Preis zahlt der Dichter für sein Künstlertum? Fallen Genie und Wahnsinn gar zusammen? Und was bedeutet für Anselmus das Entrücken nach Atlantis in Be-zug auf die Wirklichkeit? Hoffmann gibt hier keine eindeutigen Interpretationshilfen. Die multiperspektivische Darstellung lässt viele Erklärungsmuster zu.

Mehrdimensional ist auch die **Darstellung des Wahnsinns** angelegt. Zunächst begegnet uns die Wahnsinns-Vermutung aus unterschiedlichen bürgerlichen Perspektiven: „Der Herr ist wohl nicht recht bei Troste!" (S. 12), tadelt eine Bürgersfrau An-selmus und Konrektor Paulmann spricht von Anfällen, die er bisher noch nicht bemerkt haben will (vgl. S. 15). Auch hier ist noch ein **doppelter Boden** eingebaut, denn der Konrektor sagt dies nicht direkt, sondern Anselmus hört es ihn sagen. Ange-sichts der Wahnsinns-Vermutung des Konrektors erscheint die Kopiertätigkeit beim Archivarius wie eine **Schreibtherapie**, die sich Heerbrand und Paulmann für Anselmus ausgedacht haben. Die Zuschreibungen, wahnsinnig zu sein, kommen aber nicht nur von außen. Anselmus erkennt seine Gefährdung selbst, „denn nach seiner innigsten Überzeugung hatte nur ein Zufall ihn, wo nicht vom Tode, doch von der Gefahr wahnwitzig zu werden, befreit" (S. 25). Darüber hinaus laden auch die Wahr-nehmungen aus der Perspektive des Anselmus dazu ein, ihn des Wahnsinns zu bezichtigen. Das **von den vernünftigen Bür-gern für wahnwitzig gehaltene poetische Gemüt** ist aber nur die eine Seite der Medaille. Denn in der **poetischen Sphäre**

des Archivarius gelten andere Gesetze. So leitet Anselmus die Beichte seines Himmelfahrts-Erlebnisses mit den Worten ein: „Sie mögen mich nun für wahnsinnig halten oder nicht, Herr Archivarius!" (S. 31), worauf dieser entgegnet: „Mitnichten" (S. 32). „Wahnsinniger!" (S. 81) wird Anselmus von Lindhorst erst genannt, als er mit dem frevelhaften Tintenklecks vom Wege der Poesie abweicht.

Allerdings ermöglicht ihm sein poetisches Gemüt auch, den **gesellschaftlichen Wahnsinn** einer bürgerlich-kranken Welt zu erkennen. So spüren die ebenfalls in Flaschen eingesperrten Kreuzschüler nichts von Enge und Eingesperrtsein: „[...] sie wissen nicht was Freiheit und Leben in Glauben und Liebe ist, deshalb spüren sie nicht den Druck des Gefängnisses, in das sie der Salamander bannte, ihrer Torheit, ihres gemeinen Sinnes wegen" (S. 84 f.). Die Zuschreibung von Wahnsinn ist also keine Einbahnstraße. Betrachtet man nämlich die bürgerliche Welt nicht aus ihrer Binnenperspektive heraus, sondern von außen, so muss einem vieles an ihr krankhaft und wahnsinnig erscheinen, wie Veronikas Fixierung auf den sozialen Stand oder Paulmanns Abwehr von allem, was nicht der Norm entspricht. Der Blick des poetischen Gemüts ist ein solcher Blick von außen. Dabei ist Anselmus nicht der Einzige, dem Melancholie und Wahnsinn attestiert werden. Auch „Veronika war ganz tiefsinnig geworden, sie sprach kein Wort, lächelte nur zuweilen ganz seltsam und war am liebsten allein." (S. 91) An ihrem Namenstag wird sie von ihrem Vater gar des Wahnsinns bezichtigt (vgl. S. 94).

Magie und Alchemie

Alchemie beschäftigte sich mit der Veredelung von Materie. In engerem Sinne sollte sie dazu dienen, aus unedlen Stoffen Gold zu gewinnen. So gesehen ist sie auch eine Entwicklungsstufe der Chemie und Pharmakologie. Und in der Tat wird der Archivarius Lindhorst von Heerbrand als forschender Antiquar und experimentierender Chemiker eingeführt. Als solcher gibt er dem Anselmus „Auripigment" (S. 44) mit, ein goldgelbes, aber auch hochgiftiges Mineral, dass dieser der Alten in die Augen spritzt. Und natürlich ist der Topf ein **goldener Topf**. Im weiteren, naturphilosophischen Sinne geht es der Alchemie aber auch um eine

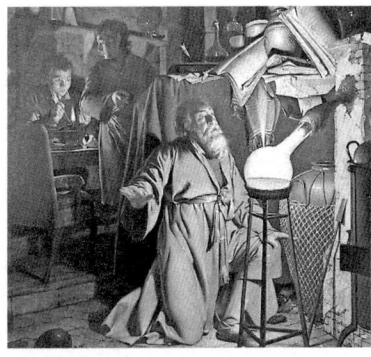

Joseph Wright of Derby: Der Alchimist auf der Suche nach dem Stein der Weisen (1771)

generelle **Veredelung von Metallen, Gegenständen und auch Lebewesen.** Dies korrespondiert mit dem romantischen Ideal, das Novalis formuliert hat: „Die Welt muß romantisirt werden. So findet man den ursprünglichen Sinn wieder. Romantisiren ist nichts, als eine qualitative Potenzirung."[2] Die Potenzierung bedeutet in alchemistischem Zusammenhang, dass eine Veredelung auch mit einer Änderung des Aggregatzustandes einhergehen kann. Was die **Veredelung des Anselmus** anbelangt, so ist sie mit einer **Entkörperlichung** verbunden, der Aggregatzustand wechselt von einer (niederen) Körperwelt zu einer (höheren) Fantasiewelt. Auffällig dabei ist, dass die Ausbildung ganz nach alchemistischer Tradition verläuft, bei der ein **Meister**, hier der Archivarius, einen **Adepten** (Schüler), hier Anselmus, in die Geheimnisse einweiht. Zur Geheimhaltung der Rezepturen gab es oftmals eine **Verrätselung der Sprache**, die Außenstehenden nicht zugänglich war. Ein Tatbestand der mitklingt, wenn der Registrator Heerbrand von „sonderbaren Zeichen, die keiner bekannten Sprache angehören" (S. 18), spricht und wenn der „eingeweihte" Anselmus wie von selbst die ihm eigentlich unbekannten Schriften zu Papier bringt.

Das Grundelement alchemistischer Umwandlungen ist das **Feuer**. Es spielt im *goldnen Topf* eine herausragende Rolle. Der Archivarius Lindhorst ist mit diesem Element sogar in zweifacher Hinsicht verbunden. Zum einen als **Feuersalamander**, der „Feuer und Flammen sprühend" (S. 68) den Garten des Geisterfürsten Phosphorus verheerte. Zum anderen durch den **Namen Lindhorst**, in dem der feuerspeiende Drache (der Lindwurm) immer schon mitklingt. Vermählt ist er mit der grünen Schlange, die ebenfalls mit dem Element Feuer in Verbindung steht, denn sie entstammt einer Feuerlilie. Die „Mitgift", der goldene Topf, befindet sich auf einer „Porphyrplatte" (S. 49). Porphyr ist ein Vulkangestein, also ebenso aus der Hitze des Feuers entstanden. Und **Phosphorus** selbst trägt den Funken ja in sich, denn Phosphor leuchtet von selbst. Mit diesem Funken entzündete er die Lilie zu lodernden Flammen (vgl. S. 23). Aber auch die **Alte** steht mit dem Feuer in Verbindung. Denn im Bann des „Feuerkreises" (S. 59) gießt sie aus glühendem Metall den Spiegel für Veronika (vgl. S. 60), aus dem später „feurige Strahlen" (S. 61) schießen. Ebenso blitzt das Gegenstück dazu, der Kristallspiegel des Archivarius, in „wunderbaren Funken und Flammen" (S. 33). Das Feuer deutet aber nicht nur auf das Feld der Alchemie hin, es ist auch ein uraltes Sexualsymbol. So verweisen die vielen Begrifflichkeiten aus dem Wortfeld Feuer immer auch auf das Motivfeld **Liebe** und **Sexualität** – so etwa wenn der Kuss des Phosphorus die Lilie entzündet.

Der Kristallspiegel lässt zwei weitere Motive anklingen, die eher in den Bereich der **Magie** einzuordnen sind – der Begriff „Magus" (S. 65) wird im Text explizit genannt. Gemeint sind die Themenkomplexe **Spiegel** und **Kristall**. Die Kristallkugel ist ein zentraler Gegenstand okkulter Vorstellungen bei der Wahrsagerei, und der Kristallspiegel des Archivarius hat in seiner Funktion tatsächlich Ähnlichkeiten mit einer Kristallkugel. Mit dem Fluch der Alten: „Satanskind – ins Kristall bald dein Fall – ins

Kristall!" (S. 5) wird der Zusammenhang von Vorhersage und Kristall bereits in der Eingangsszene hergestellt. Im Verlaufe des Märchens wird das Motiv doppeldeutig verwendet. Kristall ist **positiv besetzt**, wenn es im poetischen Umfeld, in der **Sphäre des Archivarius oder Serpentinas** erscheint, so etwa im Fall der „Kristallglocken" (S. 10) und „Kristallenstrahlen" (S. 48). Doch verlässt man den poetischen Weg, wie Anselmus es durch seinen frevelhaften Klecks tut, so kippt die Bedeutung **ins Negative**. Nun ist er ins Kristall eingeschlossen (vgl. S. 82), der Fluch der Alten hat sich bewahrheitet.

Mit dem Kristallspiegel des Archivarius und dem Metallspiegel der Alten führt Hoffmann zwei magische Requisiten ein. Seit jeher wurden dem **Spiegel** zauberhafte Kräfte zugeschrieben. Doch hier wird nicht etwa nur die Perspektive des zu Spiegelnden verzerrt, wie es passiert, wenn konvexe oder konkave Krümmungen auftreten. Hier werden **ganz neue Bilder erzeugt**. Anselmus kann Serpentina sehen, Veronika den Anselmus. Die Spiegel im *goldnen Topf* sind daher eher **Medien**, einem Fernseher oder gar dem Internet vergleichbar. Die Szene, in der Lindhorst den Handschuh abstreift, Anselmus in den Stein seines Rings schauen lässt und dann den Handschuh wieder überstreift (vgl. S. 33), ist in etwa damit vergleichbar, wie jemand sein Smartphone aus der Tasche zieht, etwas nachschaut und es dann wieder einsteckt. Doch die Krönung eines solch medialen Spiegels ist der **goldene Topf** selbst. Mit Diamantstrahlen poliert lässt sich in ihm ein ganzes wundervolles Reich schauen: Atlantis (vgl. S. 70).

Atlantis

Der Atlantis-Mythos ist einer von vielen intertextuellen Verweisen im *goldnen Topf*. Hier sind deutliche Parallelen zu Novalis und Schubert erkennbar (vgl. *Interpretationshilfe*, S. 12 f.). Die Ursprünge reichen allerdings bis in die Antike. Dem Atlantis-Mythos liegt ein **triadisches Geschichtsverständnis** zugrunde,

das von einer Entwicklung der Menschheit in drei Phasen aus-
geht. Am Anfang stand ein **paradiesischer Urzustand**, ein gol-
denes Zeitalter. Dabei waren Mensch und Natur zu einer Einheit
verschmolzen. Unbewusst und intuitiv vollzog sich das Leben
im Einklang mit der Natur. Es war ein Leben in göttlicher Harmonie, einer Harmonie des Einzelnen mit dem Ganzen. Die Bewusstwerdung des Menschen (der **Sündenfall**) zerstörte diese
Harmonie und führte zu einer **Entfremdung** des Menschen von
der Natur. Das entspricht in der christlichen Mythologie der Geschichte von Adam und Eva. Als sie vom Baum der Erkenntnis
aßen, wurden sie aus dem Paradies vertrieben. Seitdem lebt die
Menschheit in einem entfremdeten Zustand und wartet auf die
Erlösung. Dennoch sind in Momenten der Erleuchtung Spuren
dieses goldenen Zeitalters erfahrbar, etwa durch Religion oder
durch Kunst. Als dritte Stufe folgt schließlich die **Erlösung** der
Welt. Es ist die Vorstellung eines neuen goldenen Zeitalters.
Dieses unterscheidet sich allerdings vom naiven Ursprungspara-
dies durch ein qualitativ höheres Niveau, auf dem Mensch und
Natur miteinander verschmelzen.

Das Goldene Zeitalter war ein beliebtes Thema in der Kunst und trägt dort
oft Züge des christlichen Paradieses (hier ein um 1530 entstandenes
Gemälde von Lucas Cranach d. Ä.).

Hoffmann wendet dieses **Geschichtsmodell ins Ästhetische**. Sein **Erlösungszustand ist Atlantis**, ein Leben in der Poesie. Das Absolute, die göttliche Harmonie, ist weder durch Denken noch durch Handeln, sondern nur in der ästhetischen Erfahrung erlebbar. Anselmus' Erlösung ist die Poesie. Im *goldnen Topf* gibt es nun eine Parallelführung von individueller (Anselmus) und geschichtlicher (Phosphorus) Entwicklung. Beide münden in Atlantis. Dabei entspricht der Phosphorus-Mythos dem triadischen Denkmodell, was Hoffmann durch die strukturelle **Dreiteilung** dieser Erzählung verdeutlicht.

Am Anfang steht der Schöpfungsmythos, den der Archivarius im Kaffeehaus erzählt. Ausgangspunkt ist auch hier ein **paradiesischer Urzustand**. Anklänge an die biblische Schöpfungsgeschichte, bei der zu Beginn der Geist Gottes über dem Wasser schwebt, sind unverkennbar: „Der Geist schaute auf das Wasser […]." (S. 21) Der Gedanke, mit dem Phosphorus die Feuerlilie entzündet (vgl. S. 22), deutet bereits die Bewusstwerdung, den **Sündenfall**, an. Dieser erfolgt nun im zweiten Teil. Serpentina erzählt vom Vergehen ihres Vaters, des Salamanders. Trotz Warnung umarmt er die grüne Schlange, die daraufhin zu Asche zerfällt, aus der ein neues Wesen in die Lüfte entschwindet. Aus Verzweiflung verheert er den Garten des Phosphorus und wird zur Strafe aus dem Paradies vertrieben (vgl. S. 68 f.). Die Verbannung bedeutet eine Entzweiung von der Natur, eine Entfremdung. Schließlich wird in der zwölften Vigilie mit Atlantis der **mögliche Erlösungszustand** aufgezeigt: ein **Leben in der Poesie**. Doch diese Lösung erscheint bei Hoffmann nicht ungebrochen. Zwar entschwindet Anselmus als Poet nach Atlantis. Aber weder der Salamander Lindhorst, der nach der Logik der Erzählung hätte erlöst werden müssen, noch der Erzähler selbst, in seiner Eigenschaft als Schriftsteller, kommen in den Genuss einer Erlösung in Atlantis. Die Archivarius-Geschichte bleibt offen und für den Erzähler ist eine andere Lösung vorgesehen.

Triadisches Geschichtsmodell im *goldnenTopf*

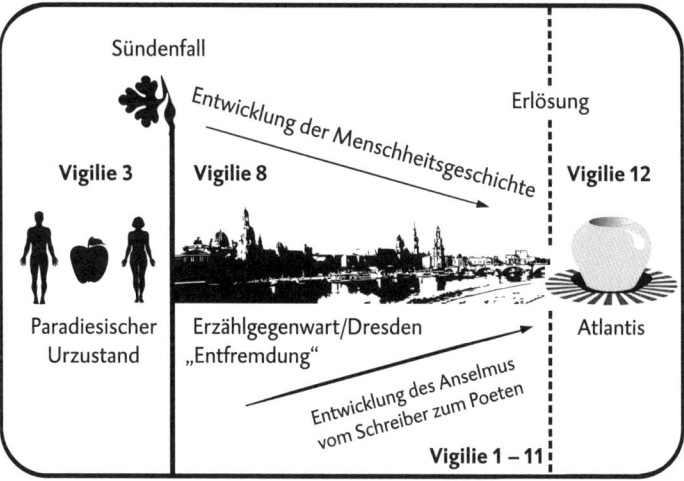

Kunst und Alltag

Im *goldnen Topf* wird das Verhältnis zwischen Kunst und bürgerlicher Gesellschaft verhandelt. Dabei kommt dem „**wahren**" **Künstler** stets die Aufgabe des **Außenseiters** zu, weil seine Wahrnehmung von der Welt unverstanden bleibt und weil sich die Wirklichkeit als äußerst geist- und kunstfeindlich erweist. Das **Bürgerliche** wird als das Gemeine und Gewöhnliche dargestellt, das von **rationalem Nützlichkeitsdenken** geprägt ist. Nach Auffassung der Romantiker führt diese, aus der Aufklärung resultierende Vernunftorientierung zwar zum Funktionieren von Gesellschaft, entfremdet den Einzelnen aber von seiner eigentlichen Natur, von dem, was „Mensch-Sein" bedeutet. Dementsprechend wird das bürgerliche Leben als minderwertig betrachtet. Der Bürger, auch Spießbürger oder Philister genannt, sei dermaßen in seinem Denken befangen, dass er den höheren Sinn, der den Dingen innewohne, nicht mehr zu erfassen vermöge. Als bestes Beispiel seien hier die Kreuzschüler genannt.

Sie erkennen in ihrer Schreibtätigkeit nicht den ursprünglichen, höheren Sinn. Für sie ist die Kopierarbeit nur Mittel zum Zweck, **entfremdete Arbeit**, um mit den verdienten Speziestalern ihre bürgerlichen Wirtshausbedürfnisse befriedigen zu können (vgl. S. 84). Daher spüren sie auch nicht die Enge des Eingesperrt-seins. Ganz anders der (romantische) Künstler. **Anselmus** kopiert nicht, er dichtet. **Als Künstler begreift er das Wunderbare** und kann sich dadurch über die Niederungen des gewöhnlichen Lebens erheben. Allerdings ist das Leben in den höheren Sphären der Poesie schwer mit dem irdischen Dasein vereinbar. Auch Anselmus wird des Öfteren, und zwar im Wortsinne, auf den Boden der Tatsachen zurückgeholt: „Der Herr ist wohl nicht recht bei Troste!" (S. 12), schilt ihn eine Bürgersfrau. Der Effekt ist der gleiche, als hätte sie ihm einen Kübel eiskaltes Wasser über den Kopf geschüttet (vgl. ebd.). Ernüchtert muss er dann zwangsläufig **an der Welt leiden**. Einer Welt, die ihn als wahnsinnig brandmarkt und der er am liebsten dauerhaft entfliehen möchte. In seiner Erzählung *Nachricht von den neuesten Schicksalen des Hundes Berganza* lässt Hoffmann selbigen Hund sagen:

Es gibt keinen höheren Zweck der Kunst, als, in dem Menschen diejenige Lust zu entzünden, welche sein ganzes Wesen von aller irdischen Qual, von allem niederbeugenden Druck des Alltagslebens, wie von unsaubern Schlacken befreit, und ihn so erhebt, daß er sein Haupt stolz und froh emporrichtend das Göttliche schaut, ja mit ihm in Berührung kommt.

Im *goldnen Topf* gibt es aber weder eine einfache Lösung des Entfliehens, noch eine schlichte Zuordnung nach dem Schema: schlechter Bürger – guter Poet. Die **Zwei-Welten-Konstruktion** ist bei Hoffmann **keine schlichte Schwarz-Weiß-Folie**, bei der die Figuren eindeutig der bürgerlichen Welt oder der Welt des Wunderbaren zugeordnet werden (vgl. *Interpretationshilfe*, S. 48). Ebenso wie der Archivarius Lindhorst als Vertreter der Welt des Wunderbaren die Kardinaltugenden und Ingredienzien des bürgerlichen Lebens zu schätzen weiß – Pünktlichkeit, Beamtentätigkeit, Kaffeehausbesuch, Klavierunterricht für die Tochter –, so hat der Spießbürger par excellence, der Konrektor Paulmann, Momente der Ahnung des Wunderbaren. Auch das Ende des Märchens legt den Schluss nahe, dass **beide Welten ihre Berechtigung** haben und dass ein Leben in der Poesie, wie Anselmus es in Atlantis erlebt, keine allgemeingültige Lösung darstellt. Denn weder der Archivarius noch der Erzähler selbst folgen ihm. Die Rolle des Künstlers in der bürgerlichen Gesellschaft wird zwar verhandelt, aber das **Ergebnis bleibt mehrdeutig** und unbestimmt.

6 Sprache

Im *goldnen Topf* ist die Zwei-Welten-Konstruktion auch sprachlich deutlich erkennbar. So hebt sich die **bürgerlich gestelzte Sprechweise** von Paulmann und Heerbrand deutlich von der Sprache des Archivarius ab. Sie ist aufgeblasen mit übertriebenen Höflichkeitsformeln wie: „verzeihen Sie mir" (S. 16), „werter Konrektor" (ebd.), „geehrtester Registrator" (ebd.) oder „geschätztester Registrator" (S. 76). Dazu gesellen sich **biedere Sinnsprüche** aus der bürgerlichen Sphäre, wie: „lass' es der Herr nur gut sein, so was geschieht dem Besten" (S. 13), „ein Schlückchen über den Durst tun" (ebd.) oder „Ein Narr macht viele" (S. 90). Die Krönung der **Philisterrede** aber ist die Selbstbestätigung der eigenen Wichtigkeit durch Fremdwörter, vornehmlich in Latein: „salva venia" (S. 17), „appliziert" (ebd.), „Konnexionen" (S. 36), „Amice" (S. 74), „foliiert und rubriziert" (S. 76), „Allotriis" (S. 89), „mente captus" (S. 90), „Exerzitia" (ebd.), „apage Satanas" (S. 91) und „Patent cum nomine et sigillo principis" (S. 92). Hoffmann setzt aber noch einen drauf. Das Billet des Archivarius an den Erzähler ist in dermaßen übertriebenem Bürgerdeutsch abgefasst, dass es nur als Parodie gelesen werden kann. Das beginnt mit der Anrede „Ew. Wohlgeboren haben, wie mir bekannt worden" (S. 97), geht über Formulierungen wie „[u]nerachtet ich" (ebd.) und „die zu ventilierende Frage" (ebd.) bis hin zum Staatsdiener Salamander (vgl. ebd.). Es ist eine jener ironischen Brechungen, die auch auf der Inhaltsebene häufig auftauchen.

Für die Darstellung der **poetisch-fantastischen Bereiche** verwendet Hoffmann spezielle sprachliche Mittel, vor allem **Alliterationen**, **Binnenreime** und **Onomatopoesie**. Besonders augenfällig ist dies beim ersten Auftreten der goldgrünen Schlänglein. Die Sprache folgt nicht der Logik der Grammatik, sondern bringt lautmalerisch die Sprache der Natur zum Ausdruck:

Zwischendurch – zwischenein – zwischen Zweigen, zwischen schwellenden Blüten, schwingen, schlängeln, schlingen wir uns – Schwesterlein – Schwesterlein, schwinge dich im Schimmer – schnell, schnell herauf – herab – Abendsonne schießt Strahlen, zischelt der Abendwind – raschelt der Tau – Blüten singen – rühren wir Zünglein, singen wir mit Blüten und Zweigen – Sterne bald glänzen – müssen herab – zwischendurch, zwischenein schlängeln, schlingen, schwingen wir uns Schwesterlein. (S. 9)

Ein weiteres Stilmittel für diesen Bereich ist die **Synästhesie**. Dabei werden zwei unterschiedliche Wahrnehmungsbereiche, die eigentlich voneinander getrennt sind, miteinander verbunden. So heißt es etwa in der achten Vigilie über die duftenden Blumen: „[D]er Geruch, den sie verbreiteten, stieg aus ihren Kelchen empor in leisen lieblichen Tönen [...]" (S. 64), und in der zwölften Vigilie wehen Düfte in rauschendem Flügelschlag (vgl. S. 100 f.). Hier wird also der Geruchssinn mit der Akustik gekoppelt. Das sprachliche Stilmittel hat ein physikalisches Pendant: Synästhesien können bei Menschen krankheitsbedingt oder in rauschhaften Zuständen vorkommen.

Die Beseelung der Natur, und damit die poetische Erhöhung, wird auch über **Personifikationen** erreicht. Es sprechen Holunderbusch, Abendwind und Sonnenstrahlen (vgl. S. 10), es „tanzen und hüpfen" (S. 33) die goldgrünen Schlänglein und es artikuliert sich der Papagei in gestelzter Rede (vgl. S. 88).

Bei der sprachlichen Betrachtung fällt weiter auf, dass *Der goldne Topf* durchzogen ist mit einem Vokabular aus dem Bereich **Klang und Musik**, ja es scheint fast so, als gäbe es eine **ständig wechselnde Begleitmusik**. Bereits zu Beginn, unter dem Holunderbaum, sinniert Anselmus über die verpasste „Ouvertüre aus dem Donauweibchen" (S. 9), bevor sich mit einem „Gelispel und Geflüster und Geklingel" (ebd.) die drei goldgrünen Schlänglein ankündigen, gefolgt von lieblichen Akkorden der Kristallglocken (vgl. S. 10) und Blumen, deren Duft „wie herrlicher Gesang von tausend Flötenstimmen" (S. 11) ist. Bei der Fahrt auf der Elbe vernimmt Anselmus den „Gesan[g]" (S. 14) der Schlänglein und anschließend, bei Konrektor Paulmann, gibt es Klaviermusik, zu der Registrator Heerbrand eine „Bravour-Arie vom Kapellmeister Graun" (S. 18) zum Besten gibt – der Komponist Carl Heinrich Graun war Kreuzschüler in Dresden! In der folgenden Nacht hört Anselmus dann den „lieblichen Klang" (S. 19) der Speziestaler. Weiter geht es mit der Schöpfungsgeschichte um Phosphorus, die mit dem „donnernd in die Abgründe" (S. 21) stürzenden Wasser beginnt, und beim Blick in den Kristallspiegel „erklangen herrliche Akkorde wie Kristallglocken" (S. 33). Aus dieser Stimmung wird Anselmus durch eine „Bassstimme" (S. 35) herausgerissen. Diese für die ersten vier Vigilien beschriebene **Klang-Metaphorik** zieht sich auch durch das weitere Märchen, von der „wunderbare[n] Musik des Gartens" (S. 65) über die „italienische[n] Chöre" (S. 84) bis hin zur Erwähnung der Singspiele *Das Neusonntagskind* und *Die Schwestern von Prag* (vgl. S. 91).

Außerordentliche Effekte erzielt Hoffmann mit seinen **Metamorphosen**. Dabei lässt er zwei Bilder ineinander überlaufen, verwischt die Grenzen, und sorgt mit passenden **Vergleichen** für eine Verstärkung des Effektes. Damit schafft er nicht nur eine Grenzüberschreitung zwischen Realität und Wunderbarem, sondern bringt auch eine große **Dynamik** in die Szenerie. Am eindringlichsten gelingt ihm das am Ende der vierten Vigilie mit dem **Bild des davonfliegenden Geiers**. Dies wird zunächst gut vorbereitet, denn schon bei der Ankunft des Archivarius erfährt der Leser vom „weißgrauen Überrock" (S. 31) und assoziiert mit der Plötzlichkeit seines Daseins das Bild einer Landung. Beim Abschied nimmt die Szene allein über die Begrifflichkeiten Fahrt auf. Zunächst sagt der Archivarius selbst, dass er einen raschen Schritt habe – bis dahin aber steht er. Nun wird das Ganze in Bewegung gesetzt und gesteigert: „[…] schritt er rasch von dannen" – „mehr hinabzuschweben als zu gehen" – „zum raschen Fluge" (S. 35). Noch ist der Leser beim davonschreitenden Archivarius, doch das Bild des fliegenden Geiers wird mit Vergleichen bereits vorbereitet: „mehr in das Tal hinabzuschweben als zu gehen schien" – „wie ein Paar große Flügel in den Lüften flatterten" – „als breite ein großer Vogel die Fittige aus zum raschen Fluge" (ebd.). Da taucht tatsächlich ein weißgrauer Geier auf.

Es bleibt für den Leser unentscheidbar, ob sich Lindhorst tatsächlich in einen Geier verwandelt oder ob Anselmus einer Sinnestäuschung unterliegt.

Was eben noch ein Vergleich war, ist reales Geschehen geworden. Doch Hoffmann belässt es nicht bei der einfachen Erklärung einer Sinnestäuschung, die durch Naturphänomene wie Wind und Dämmerung begünstigt wird. Er lässt auch eine andere Möglichkeit zu: „Er kann aber auch selbst in Person davongeflogen sein, der Herr Archivarius Lindhorst […]." (ebd.) Ähnliche Metamorphosen gibt es bei der Elbfahrt, wenn die im Wasser gespiegelten Funken des Feuerwerks in die goldgrünen Schlänglein übergehen (vgl. S. 14), oder auch im Palmengarten des Lindhorst'schen Hauses, wenn sich der Feuerlilienbusch in den gelb und rot glänzenden Schlafrock des Archivarius verwandelt (vgl. S. 48 f.).

7 Interpretation von Schlüsselstellen

Zwei Vigilien sollen näher betrachtet werden. Zum einen die neunte Vigilie, weil hier der Konflikt seinen Höhepunkt erreicht. Anselmus ist extrem hin- und hergerissen zwischen den zwei Welten, doch markiert das Ende der Vigilie den Übergang in die Phase der Lösungen. Eine Sonderstellung aber nimmt vor allem die zwölfte Vigilie ein, da diese den zuvor abgesteckten Rahmen der Handlung verlässt und das Ineinandergreifen von Leben und Poesie noch einmal auf eine andere Ebene hebt.

Inwiefern wird in der 9. Vigilie der Konflikt zwischen bürgerlicher und fantastischer Welt auf die Spitze getrieben?

Man könnte die neunte Vigilie auch als **Sündenfall des Anselmus** bezeichnen. Ausgangspunkt ist ein nahezu paradiesischer Zustand, in dem sich Anselmus befindet:

Alles das Seltsame und Wundervolle, welches dem Studenten Anselmus täglich begegnet war, hatte ihn ganz dem gewöhnlichen Leben entrückt. Er sah keinen seiner Freunde mehr und harrte jeden Morgen mit Ungeduld auf die zwölfte Stunde, die ihm sein Paradies aufschloss. (S. 73)

Der Begriff **Paradies** fällt gar wörtlich und die Gegenpole sind benannt: einerseits das **Seltsame und Wundervolle**, andererseits das **gewöhnliche Leben**. Letzterem ist er fast schon entronnen, eine glückliche Lösung als Leben in der Poesie, wie sie in der zwölften Vigilie verwirklicht wird, ist nah. Doch nun beginnen die **magischen Kräfte des Metallspiegels** zu wirken. Es war, „als risse eine fremde plötzlich auf ihn einbrechende Macht ihn unwiderstehlich hin zur vergessenen Veronika, und er müsse ihr folgen, wohin sie nur wolle, als sei er festgekettet an das Mädchen" (S. 73). Auch hier lässt Hoffmann über die sprachliche Form des Vergleichs offen, ob es sich nur um eine Als-ob-Situation handelt oder ob es, was naheliegend erscheint, die Zauberkräfte des Spiegels sind, die diesen Einfluss ausüben. Bemerkenswert ist an dieser Stelle auch die **Umkehrung** der bisherigen Argumentation. Wurde Anselmus bis dahin immer aus dem Reich des Wunderbaren auf den harten Boden der Realität zurückgeholt, so erscheint ihm nun im Traum die Sphäre der bürgerlichen Realität, aus der er beim Erwachen gerissen wird. Die Konstellation als solche ist schon widersprüchlich genug: Mithilfe magischer Kräfte soll versucht werden, Anselmus zur bürgerlichen Vernunft zurückzuführen.

Weitere Ungereimtheiten treten auf, die zwar einzeln alle zufällig passieren können, hinter deren Häufung aber die **Kräfte des Metallspiegels** zu vermuten sind. Auch hier verwischt Hoffmann wieder die Grenzen zwischen Wirklichkeit und Wunderbarem. So zieht den Anselmus eine „geheime magische Gewalt" (S. 74) Richtung Pirnaer Vorstadt, wo Veronika wohnt, und prompt trifft er auf den Konrektor Paulmann, der ja eigentlich um diese Zeit in seiner Klasse sein müsste, wie wir in der siebten Vigilie erfahren haben (vgl. S. 60). Dieser scheint aber intuitiv etwas zu ahnen, sonst wäre sein folgender Ausspruch kaum zu erklären: „Nun kommen Sie nur, Sie wollten ja doch zu mir!" (S. 74) Aber nicht nur Paulmann, auch Veronika

ist gut auf den Zufallsbesuch vorbereitet und hat sich außerge-
wöhnlich herausgeputzt (vgl. ebd.).

Der Stich *Nächtliche Punsch-Gesellschaft* (1765) von William Hogarth inspirierte E.T.A.
Hoffmann zu der Punsch-Szene in seinem Märchen.

In der zweiten Hälfte der Vigilie wird ein weiteres Kraftfeld eröffnet, das insofern genau den gegenteiligen Effekt hat, als es
nicht das Bürgerliche, sondern das Wunderbare zutage fördert.
Die Rede ist vom **Punsch und seinen Rauschzuständen**.
Dabei arbeitet Hoffmann mit einer Symbolik, die bis ins Detail
hineinreicht. Es ist nicht einfach nur Punsch, es ist Arrak, der
aus Palmsaft hergestellt wird. Während die Palmen im Haus des
Archivarius zur höchsten poetischen Liebe berauschen, führt deren Saft in der bürgerlichen Umgebung zum profanen Besäufnis.
Doch auch hier treten große Ungereimtheiten auf, die durch den
Alkoholrausch kaum zu erklären sind.

Zu Beginn des Gelages ist der Bezugspunkt von Paulmann
und Heerbrand noch die faktische Realität, wenn sie im Archi-

varius einen „wunderliche[n] alte[n] Mann" (S. 77) erkennen und Anselmus' Erzählung vom Salamander als „ungewaschenes Zeug" (ebd.) zurückweisen. Doch mit voranschreitendem Alkoholkonsum sind alle rationalen Erklärungsversuche vergessen, das Wunderbare wird als solches akzeptiert und die beiden Repräsentanten des Spießbürgertums verraten in ihren Ausrufen ein erstaunliches Wissen. So ruft beispielsweise der Registrator Heerbrand: „Aber die Alte kommt ihm über den Hals" (S. 78) und der Konrektor Paulmann brüllt: „Salamander – Salamander bezwingt sie alle" (ebd.). Woher kommt dieses Wissen? Und selbst Veronika, die nüchtern bleibt, spricht vom schwarzen Kater als einem gebildeten jungen Mann mit feinen Sitten (vgl. ebd.). Hier bleibt einiges in der Schwebe und es wird deutlich, dass auch in der bürgerlichen Sphäre eine Menge Wundersames und Wahnsinniges unter der Oberfläche verborgen liegt. Es wird aber auch ersichtlich, dass der Alkohol nicht nur die **Empfänglichkeit für die fantastisch-wunderbare Sphäre** steigert, sondern auch die **bürgerliche Wohlgeordnetheit unterminiert**. Bezeichnenderweise schleudert Paulmann seine Perücke – Zeichen seines sozialen Status – an die Decke. Die gesellige Runde endet im Tumult und dann im Katzenjammer (vgl. S. 79).

Ausgerechnet ein Bote aus dem Fantasiereich, der Papagei, durchbricht das **rauschhafte Gelage** und ermahnt Anselmus zu **Pflichtbewusstsein und Pünktlichkeit**. Während die Bürger ins Delirium abdriften, fordert ein Vertreter aus dem Reich des Wunderbaren bürgerliche Tugenden ein. Hier werden die Zuschreibungen dessen vertauscht, was als normal und was als verrückt zu gelten hat.

Im Verlauf der Vigilie wird Anselmus immer mehr ins bürgerliche Lager gezogen, gelangt „zum deutlichen Bewusstsein" (S. 75). Es wächst die Erkenntnis, dass Serpentina nur im Traum existiert und dass Veronika die Realität verkörpert. Er schreibt seine Träumereien dem durch die Liebe zu Veronika „exaltierten

Seelenzustande" (ebd.) zu sowie den betäubenden Düften in den Zimmern des Archivarius (vgl. ebd.). Es wird „ihm immer behaglicher zu Mute" (S. 76). **Behaglichkeit** ist einer der prägnantesten Attribute für die **biedermeierlich-bürgerliche Atmosphäre.** Selbst das Intermezzo des Punschgelages kann Anselmus nichts anhaben. Im Gegenteil, er scheint gestärkt daraus hervorzugehen, und zwar im festen Glauben, von seinen „albernen Grillen" (S. 80) geheilt zu sein und als späterer Hofrat an der Seite Veronikas ein glückliches Leben führen zu können. Sein **Gesinnungswandel**, der „**Abfall" vom Wege der Poesie**, hat Konsequenzen. Als er am nächsten Tag beim Archivarius ankommt, scheint das ganze **Haus verändert.** Wo er vorher einen bunten Palast mit exotischen Tieren und Pflanzen wahrgenommen hat, steht nun ein gewöhnliches Haus mit tristen Pflanzen und befinden sich statt der bunten Vögel allenfalls ein paar Sperlinge darin. Selbst das wundervolle blaue Zimmer missfällt ihm nun (vgl. S. 80). Doch die schlimmste Veränderung ist der **Verlust seiner Lese- und Schreibfähigkeit.** Weder kann er die verschnörkelten Linien als Zeichen erkennen, noch ist er in der Lage, sie sauber zu übertragen. Zwangsläufig kommt es zum großen Frevel, dem **Klecks** auf dem Original (vgl. S. 81). Abermals folgt eine Umkehrung der Zuschreibung, indem er vom Archivarius als „Wahnsinniger" (ebd.) beschimpft wird – jenem Attribut, mit dem er bisher nur aus dem bürgerlichen Lager konfrontiert wurde. Dass er noch nicht ganz verloren ist, zeigt sich daran, dass er, im Gegensatz zu den Kreuzschülern, sein Eingesperrtsein im Kristall schmerzhaft spürt. Gleichzeitig markiert diese Stelle eine **Zäsur.** Die Dynamik des Konfliktes (vgl. *Interpretationshilfe*, S. 38) erreicht mit den extremen Ausschlägen zu beiden Seiten ihren Höhepunkt. Mit dem Eingesperrtsein in der Flasche und der folgenden Leseransprache kommt die Dynamik zum Stillstand. Es beginnt die Lösung des Konfliktes.

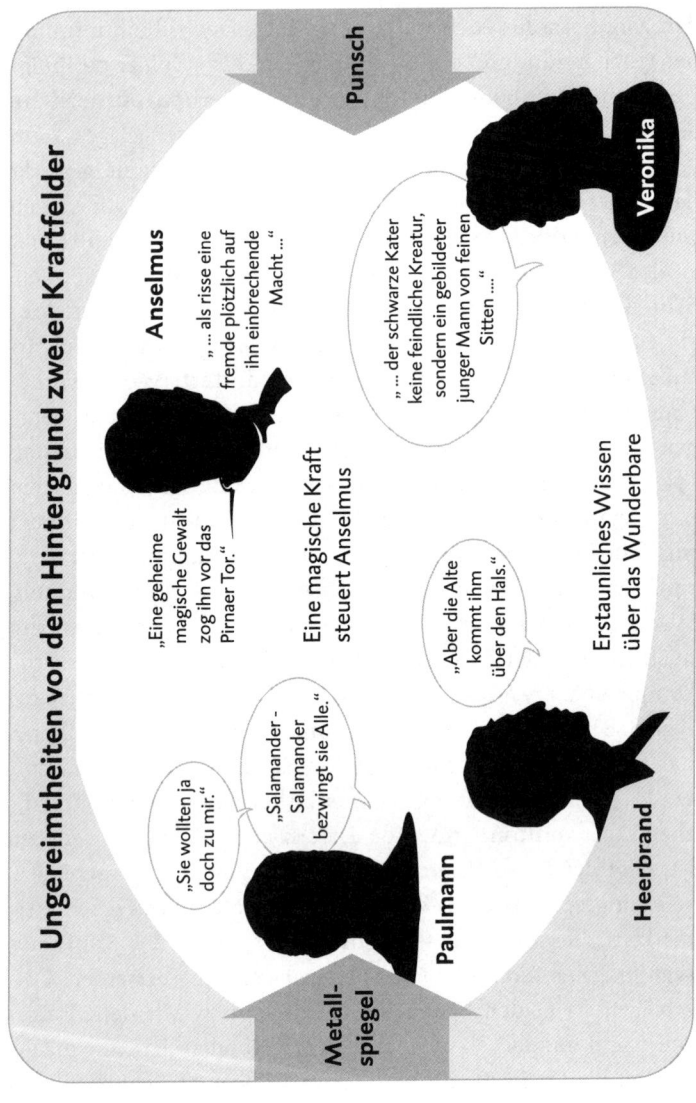

Ungereimtheiten vor dem Hintergrund zweier Kraftfelder

Punsch

Veronika

Anselmus

„… als risse eine fremde plötzlich auf ihn einbrechende Macht …"

„… der schwarze Kater keine feindliche Kreatur, sondern ein gebildeter junger Mann von feinen Sitten …"

„Eine geheime magische Gewalt zog ihn vor das Pirnaer Tor."

Eine magische Kraft steuert Anselmus

„Aber die Alte kommt ihm über den Hals."

Erstaunliches Wissen über das Wunderbare

„Sie wollten ja doch zu mir."

„Salamander – Salamander bezwingt sie Alle."

Paulmann

Metall-spiegel

Heerbrand

Die Sünde des Anselmus besteht nun nicht vorwiegend im **Klecks** auf der Originalhandschrift. Dieser ist nur der Schlusspunkt, der **Auslöser für die Bestrafung**. Die Sünde beginnt damit, dass er den Weg der Poesie verlässt. In der Schlussvigilie werden dann auch „Zweifel" und „Unglaub[e]" (S. 98) ausdrücklich als Ursache für die Verbannung in die Flasche genannt. Der Abfall vom Glauben an die Poesie bedeutet aber auch, dass er „zum deutlichen Bewusstsein" gelangt. Übersetzt könnte man sagen: zum rational-bürgerlichen Denken der Aufklärung. Außerdem sind deutliche Parallelen zur biblischen Schöpfungsgeschichte und zum Phosphorus-Mythos erkennbar. Was bei Anselmus Bewusstsein heißt, nennt sich dort Erkenntnis oder Gedanken. Wer sich dem zweckrationalen, profanen Denken der Aufklärung zuwendet, hat das Recht auf einen Aufenthalt im Reich der Poesie verwirkt.

Warum bleibt dem Erzähler ein Glück in Atlantis verwehrt? (12. Vigilie)

Bei der Lektüre der zwölften Vigilie hat man zunächst das Gefühl, der Erzähler durchlebe im Schnelldurchlauf noch einmal alle Stationen seiner Protagonisten und beziehe damit seine eigene Erzählung auf sich selbst. Indem er wiederholt den „günstigen Leser" direkt anspricht (vgl. S. 96), schließt er diesen in seine **geraffte Rekapitulation der Stationen** mit ein. Zahlreiche Querverweise spielen auf Ereignisse und Entwicklungen aus früheren Vigilien an. Im Lichte der Entwicklung des Anselmus wird das eigene Künstlerdasein gespiegelt: Zu Beginn befindet sich der Erzähler in jenem „Zustand des Studenten Anselmus" (S. 96), der in der vierten Vigilie ausführlich beschrieben ist, sprich: Er ist **melancholisch**. Es sei, als ob ihm böse Geister einen Metallspiegel hinhielten (vgl. ebd.) – eben solch einen Metallspiegel, wie ihn die Alte in der siebten Vigilie aus dem brodelnden Hexentopf goss. Die Geister könnten „Cousins Ger-

mains der getöteten Hexe sein" (ebd.) – mit diesem Begriff be-
schrieb Veronika in der neunten Vigilie den schwarzen Kater;
und dass den Erzähler sein blasses Spiegelbild an den „Registrator Heerbrand nach dem Punsch-Rausch" (ebd.) erinnert, führt
zurück an den Beginn der elften Vigilie. Dann kommt die Einladung ins blaue Palmbaumzimmer, das der Student Anselmus
erstmals in der sechsten Vigilie betrat und in dem er in der achten Vigilie die Familiengeschichte des Archivarius niederschrieb.
Darüber hinaus wird wie in der Punschszene Arrak getrunken,
und zwar aus einem goldenen Pokal (vgl. S. 98). Anschließend
wechselt die Tonlage und es „rischeln und rauschen die dunklen
Büsche" (S. 99) wie in der ersten Vigilie unter dem Holunderbaum. Schließlich öffnet sich der Blick des Erzählers und er
schaut nach Atlantis, wo in der dritten Vigilie der Phosphorus-
Mythos seinen Anfang nahm.

Besonderes Augenmerk liegt aber auf der **Schreibsituation**.
Gefangen „in den Armseligkeiten des kleinlichen Alltagslebens"
(S. 96) kann der Erzähler seine Geschichte nicht zu Ende bringen. Da kommt **Hilfe aus der eigenen Fiktion**. Die vom Erzähler selbst erfundene Figur des Archivarius Lindhorst erkennt
dessen Nöte und lädt ihn in das blaue Palmbaumzimmer ein.
Durch den Kunstgriff, dass der Erzähler und seine Figuren miteinander kommunizieren, werden die Grenzen zwischen Realität und Fiktion weiter verwischt. Die fantastischen Begebenhei-
ten um den Salamenderfürsten werden so beglaubigt. Dort bekommt er auf Empfehlung des Kapellmeisters Johannes Kreisler,
einer von E.T.A. Hoffmann erfundenen Künstlerfigur, Arrak zu
trinken. Das Getränk wird ihm in einem goldenen Pokal ge-
reicht, in den der Archivarius zuvor hinabsteigt. Der Erzähler
kostet damit symbolisch den Geist des Wunderbaren.

Als Folge hat er eine **Vision von Atlantis** und sieht die
Glückseligkeit des nunmehrigen Dichters Anselmus. Automa-
tisch wechselt die Tonlage. Alliterationen („von den Wundern,

die wie aus weiter Ferne holdselige Harfentöne verkünden"), Binnenreime („heben und regen"), Synästhesien („wehen Düfte in rauschendem Flügelschlag") und Personifikationen („Hyazinthen und Tulipanen und Rosen erheben ihre schönen Häupter") erzeugen eine Lebendigkeit, die an die Situation unter dem Holunderbaum erinnert (vgl. S. 99 ff.). Ekstatische Ausrufe und kurze Fragen (vgl. S. 100 f.) spiegeln das höchste **Entzücken des Anselmus** in Atlantis, dem Paradies der Poesie, wider. Die ganze Natur ist belebt, leuchtet, singt im Einklang. Als die Vision endet, der Nebel sich verzieht, liegt alles sauber aufgeschrieben vor dem Erzähler auf dem Tisch (vgl. S. 101). Es ist der gleiche Tisch im gleichen Zimmer, an dem Anselmus die Geschichte vom Salamander und der grünen Schlange niedergeschrieben hat. Und wie Anselmus, so findet auch der Erzähler bei seiner Rückkehr in die Wirklichkeit die fertig aufgeschriebene Geschichte vor sich. **Textproduktion** im poetischen Sinne funktioniert hier über **Anschauung** und **Eingebung**, nicht über Ratio und Planung.

„[D]as Höchste ist erfüllt, gibt es denn eine Seligkeit, die der unsrigen gleicht?" (S. 100), fragt Serpentina den Anselmus. Doch es ist eine rhetorische Frage. Für den Leser stellt sich eine ganz andere Frage: Wenn das **Leben in der Poesie** das Höchste ist, was man sich als Künstler erträumen kann, warum ist es **dem Erzähler selbst nicht vergönnt**? Dementsprechend klagt er ja auch, dass er in „die Armseligkeiten des bedürftigen Lebens" (S. 101) zurückkehren muss, und wird vom Archivarius mit den Worten getröstet: „Waren Sie nicht soeben selbst in Atlantis, und haben Sie denn nicht auch dort wenigstens einen artigen Meierhof als poetisches Besitztum Ihres innern Sinns?" (S. 101 f.) Aber was ist solch ein artiger Bauernhof gegen ein Rittergut, was eine virtuelle Stippvisite im Paradies gegen ein dauerhaftes Glück in der Poesie?

Auch am Ende gibt es bei Hoffmann **keine eindeutigen Lösungen**. Eine dualistische Sichtweise, die das dichterische Ideal (Anselmus) der nicht zu entfliehenden Realität (Erzähler) pessimistisch entgegenstellt, greift sicherlich zu kurz. Zumal Hoffmann mit der Hinzunahme des Kapellmeisters Kreisler noch eine dritte Künstlerfigur einführt. Es ist eben jener Künstler, der an der Unentrinnbarkeit aus der bürgerlichen Gesellschaft und deren künstlerischem Unverständnis verzweifelt und zugrunde geht. Davon aber ist der Erzähler des *goldnen Topfes* weit entfernt. Allerdings gibt es für ihn auch keine Ideallösung wie bei Novalis, wo sich quasi das ganze Leben in Poesie auflöst. Vielmehr stehen bei Hoffmann **Leben und Poesie gleichberechtigt nebeneinander und durchdringen sich gegenseitig**. So kann es auch vorkommen, dass der Erzähler in seine eigene Fiktion hinabsteigt. Dabei wird das künstlerische Schaffen unter den Bedingungen von gesellschaftlicher Wirklichkeit immer mit reflektiert, und zwar gemäß romantischer Vorstellungen nicht in der theoretischen philosophischen Betrachtung, sondern in der poetischen Gestaltung.

Es ist eine Art Mittelweg, den der Erzähler hier geht, und der **Versuch, Unvereinbares zu vereinen:** Poesie und Alltag, Kunst und Bürgertum, Körper und Geist, Materie und Imagination, Rausch und Mäßigung. Gerade Letzteres wird in der Schlussvigilie anhand des Punsches deutlich. Endete der übermäßige Genuss von Arrak in der neunten Vigilie noch im Desaster, fördert der maßvolle Genuss, ein **maßvoller Rausch** (ein Widerspruch in sich), die **künstlerische Produktion**. Das Zusammenführen von Gegensätzen führt hierbei wieder zum Ausgangspunkt der Fantasiestücke zurück, zu Hoffmanns Vorbild, dem Zeichner Jacques Callot und seinen „aus heterogensten Elementen geschaffenen Kompositionen." Aber: Heterogenität ist bei Hoffmann niemals zu verwechseln mit Willkür.

Rezeption und Wirkungsgeschichte

Bis gegen Ende des letzten Jahrhunderts kann man ein durchgängiges Phänomen beobachten: Selbst die größten Hoffmann-Skeptiker heben den *goldnen Topf* positiv hervor. Dazu hat Hoffmann wohl auch maßgeblich selber beigetragen, durch die eingangs zitierte Äußerung an seinen Freund Hippel: „Ich schreibe keinen *goldnen Topf* mehr!" Diese Äußerung hat einerseits die herausragende Stellung des Märchens zementiert, andererseits aber auch dazu geführt, dass spätere Werke immer wieder abgewertet wurden.

Zeitgenössische Rezeption

„Jeden müssen die Phantasiestücke ergötzen"[3], so das Urteil des jungen Heinrich Heine aus dem Jahr 1822. Damit stand er ziemlich alleine da, denn bei den **zeitgenössischen Schriftstellern** (auch bei den Romantikern!) stieß E.T.A. Hoffmann auf große Skepsis. Die einen sahen in ihm einen Konkurrenten, dem sie seine vielen Leser neideten. Die anderen betrachteten ihn als geisteskranken Alkoholiker und verquickten in ihrem Urteil unzulässigerweise Person und Werk. Einige befürchteten gar eine gefährliche Wirkung, die von Hoffmanns Schriften ausginge. So auch Heinrich Heine, nur gute 10 Jahre nach seinem überschwänglichen Lob: „[…] die Purpurglut in Hoffmanns *Phantasiestücken* ist nicht die Flamme des Genius, sondern des Fiebers."[4] Heine spricht explizit davon, dass es sich statt Poesie eigentlich um Krankheit handle. Und: Der größte Schriftsteller seiner Zeit, Johann Wolfgang von Goethe, war ein entschiedener Gegner der Romantik. Später, 1829, äußert er sich gegenüber Johann Peter Eckermann (1792–1854): „Das Klassische

nenne ich das Gesunde, und das Romantische das Kranke."[5]
Diese Einschätzung sollte noch lange die deutsche Literaturge-
schichte prägen. Das änderte allerdings nichts am großen **Erfolg**
Hoffmanns beim **Lesepublikum** und, zumindest für die Fantasiestücke, auch bei den **Rezensenten**. Mindestens 15 Rezensio-
nen der Fantasiestücke gelten als gesichert. Davon sind zwei von
besonderer Bedeutung. Die eine, aus dem Jahr 1815, stammt von
Friedrich Gottlob Wetzel. Er war Redakteur des *Fränkischen
Merkurs* und Berater von Hoffmanns Verleger Kunz in Bamberg.
In seiner 16-seitigen Besprechung widmet er alleine sieben Seiten
dem *goldnen Topf*. Enthusiastisch feiert er Hoffmanns Märchen:

> *Wenn es Werke des Genius gibt, die, gleich hoch über Lob und
> Tadel erhaben, den Maßstab, nach welchem sie zu messen sind,
> erst mit sich selbst auf die Welt bringen, so rechnen wir unbe-
> denklich dieses wunderschöne Mährchen zu jenen seltenen Geis-
> tesblüthen. In der That wüßten wir neben ihm nichts zu nen-
> nen, als Göthe's berühmtes Mährchen in den Unterhaltungen
> Deutscher Ausgewanderter und Fouqué's liebliche Undine;
> doch übertrifft der goldene Topf diese unstreitig noch an phan-
> tastischem Reichthum und kecker lebendiger Charakteristik.[6]*

Die andere Rezension ist insofern von Bedeutung, als sie den
einzigen **Verriss** der *Fantasiestücke* darstellt und darüber hinaus
den literaturhistorischen Konflikt zwischen Romantik und
Weimarer Klassik beleuchtet. Die Rede ist von Karl Ludwig von
Woltmanns Artikel in der *Jenaischen Allgemeinen Literatur-
zeitung* vom Dezember 1815. Das Blatt galt als Sprachrohr des
Goethe'schen Klassizismus. Dort heißt es:

> *Wie ist doch hier die ganze Unart und Abart der neueren
> Ästhetik der Deutschen so sichtbar, welche von dem ursprüng-
> lich schönen Bemühen den geheimen Sinn der Erscheinungen zu
> verkünden und zu deuten, sich dahin verirrt hat, in jegliche
> Laune, in das Gewöhnliche, gar zu oft das Alberne einen phan-
> tastischen Sinn hinein zu interpretiren.[7]*

Allerdings nimmt der Verfasser den *goldnen Topf* von seinem Totalverriss aus: „Durchgängig noch am besten gelungen scheint uns die Erzählung, *der goldene Topf.* [...] Indessen spielt der Contrast zwischen dem Phantasienreich und dem Gebiet der Wirklichkeit ergötzlich durch dieses Ganze."[8]

Goethe selbst kannte den *goldnen Topf* zu diesem Zeitpunkt noch nicht. Erst über ein Jahrzehnt später, am 21. 5. 1827, notiert er in sein Tagebuch: „Den goldenen Becher angefangen zu lesen. Bekam mir schlecht; ich verwünschte die goldnen Schlängelein."[9] Goethe kannte also nicht einmal den Originaltitel – er hat die ein Jahr zuvor erschienene Übersetzung *The Golden Pot* von Thomas Carlyle (1795–1881) gelesen.

Das 19. Jahrhundert

Die frühe und hochgelobte Übersetzung von Thomas Carlyle deutet auf ein besonderes Phänomen hin: Während in Deutschland Hoffmann (wie die Romantik insgesamt) sehr schnell aus der literarischen Öffentlichkeit verschwand, erlebte er im Ausland, insbesondere in **Frankreich**, einen regelrechten **Boom**. Zwischen 1829 und 1833 erschien in Frankreich eine zwanzigbändige Hoffmann-Ausgabe. Das neue literarische Ideal, das *genre fantastique,* wurde sogar als *hoffmannesque* bezeichnet und mit seiner Person verknüpft. Insbesondere Honoré de Balzac (1799–1850), Charles Baudelaire (1821–1867) und Gérard de Nerval (1808–1855) beschäftigten sich intensiv mit Hoffmann. Letzterer nennt Hoffmann gar in einem Atemzug mit Schiller und Goethe. Über Frankreich gelangte Hoffmann auch nach **Russland**, beeinflusste Autoren wie Nikolai Gogol (1809–1852) oder Fjodor Dostojewski (1821–1881). Und unübersehbar ist sein Einfluss auf Edgar Allen Poe (1808–1849). In **Deutschland** fand in der zweiten Hälfte des 19. Jahrhunderts nur vereinzelnd eine Beschäftigung mit den Werken Hoffmanns statt, wahrgenommen wurden sie vor allem als Grusel- und Unterhaltungsliteratur. Thomas Mann (1875–1955) schreibt in seiner frühen Erzählung *Der Kleiderschrank* (1899): „Sie sind ja wie ein Alp, wie eine Figur von Hoffmann"[10]. Das Klischee vom „Gespenster-Hoffmann" wird sich noch sehr lange halten, bis auch die Wissenschaft den literarischen Wert seines Schaffens erkennt.

Vom 20. Jahrhundert bis in die Gegenwart

Um die Jahrhundertwende entsteht eine neue fantastische Literatur, die sich von Realismus und Naturalismus absetzt und später als **Neuromantik** bezeichnet werden wird. Das geht einher mit der Wiederentdeckung des Romantischen im Allgemeinen, sowie E.T.A. Hoffmanns im Besonderen. Hier sei nur der große Einfluss auf Franz Kafka (1883–1924) oder Gustav Meyrink (1868–1932) genannt, dessen Roman *Der Golem* auf Hoffmanns *goldnem Topf* beruht. Es erscheint Georg Ellingers Hoffmann-Biografie (1894), Eduard Griesbachs vierbändige Hoffmann-Ausgabe (1899) sowie die erste kritische (unvollendet gebliebene) Gesamtausgabe von Carl Georg von Maassen (1908–1928). Doch in der (vom Klassizismus geprägten) Literaturwissenschaft wird Hoffmann nach wie vor der hohe Stellenwert abgesprochen, den er heute genießt. Die Schriftstellerin Ricarda Huch (1864–1947) bringt das in ihrem Buch über die Romantik (1899/1902) auf den Punkt: „Daß er ein großer Künstler nicht war und Meisterwerke nicht schaffen konnte, sah sein scharfer königsbergischer Verstand wohl ein", um dann die rhetorische Frage nachzuschieben: „Wer möchte ihn einen großen Dichter nennen?"[11] Doch auch sie betrachtet den *goldnen Topf* als das „vollkommenste" von Hoffmanns Werken.

Die **literaturwissenschaftliche Auseinandersetzung** mit dem *goldnen Topf* setzt, von Ausnahmen wie Aniela Jaffés tiefenpsychologischer Deutung aus dem Jahr 1950 abgesehen, aber erst in den **1960er- und 1970er-Jahren** ein. Heute hat die

Forschung zum *goldnen Topf,* sowohl was den Umfang als auch die Komplexität der Fragestellungen betrifft, ein Ausmaß erreicht, das einen systematischen Gesamtüberblick unmöglich erscheinen lässt.

Nicht zu übersehen ist die Hoffmann-Rezeption in anderen Kunstbereichen. So sind etwa viele **Filme** von David Lynch ohne Hoffmanns Poetik der Zwei-Welten-Konstruktion kaum denkbar. Und auch im Theater kann man in jüngster Zeit eine Renaissance Hoffmann'scher Werke erleben, die für die Bühne adaptiert wurden. Erwähnt seien hier nur die Uraufführung von Eckehard Mayers Oper *Der goldene Topf* an der Staatsoper Dresden (1989), die Inszenierung des Schauspiels *Der goldne Topf* am Staatsschauspiel Dresden (2010) sowie die Aufführung von *Der goldene Topf* am jungen Staatstheater in Berlin (2011).

Literaturhinweise

Verwendete Textausgabe

HOFFMANN, E.T.A.: *Der goldne Topf.* Stuttgart: Reclam 2015.

Biografie

SAFRANSKI, RÜDIGER: *E.T.A. Hoffmann – Das Leben eines skeptischen Phantasten.* Frankfurt a. M.: Fischer Taschenbuch 2000.
Biografie, die den Zusammenhang von Leben und Werk vor dem Hintergrund von Literatur und Philosophie beleuchtet.

Literatur zum Werk E.T.A. Hoffmanns

KREMER, DETLEF (Hrsg.): *E.T.A. Hoffmann: Leben – Werk – Wirkung.* Göttingen: De Gruyter 2010.
Äußerst gelungene Darstellung zum Werk Hoffmans, die sich mit den Motiven der einzelnen Werke auseinandersetzt.

STEINECKE, HARTMUT: *E.T.A. Hoffmann.* Stuttgart: Reclam 1997.
Umfangreiche Darstellung von Leben und Werk Hoffmanns.

Literatur zum Märchen „Der goldne Topf"

MARHOLD, HARTMUT: *Die Problematik dichterischen Schaffens in E.T.A. Hoffmanns Erzählung „Der goldne Topf".* In: Mitteilungen der E.T.A. Hoffmann-Gesellschaft. Bamberg: 32. Heft 1986, S. 50–73.
Herausragende Darstellung zur Struktur und zur Entwicklung des Schreibmotivs in E.T.A. Hoffmanns *Der goldne Topf.*

SCHMIDT, JOCHEN: *Der goldne Topf. Ein Schlüsseltext romantischer Poetologie.* In: SASSE, GÜNTER: *E.T.A. Hoffmann. Romane und Erzählungen.* Stuttgart: Reclam 2012, S. 43–60.
Gut zu lesende Interpretation, die den *goldnen Topf* als Text der Romantik beleuchtet.

WÜHRL, PAUL-WOLFGANG: *E.T.A. Hoffmann, Der goldne Topf. Erläuterungen und Dokumente.* Stuttgart: Reclam 1998.
Umfangreiche Sammlung aller wesentlichen Aspekte.

Romantik-Glossar

FANTASTIK	Als *fantastisch* im engeren Sinne bezeichnet man etwas Übernatürliches, das den Rahmen der Erzählrealität sprengt. In diesem Sinne unterscheidet sich das Fantastische vom Wunderbaren, weil das Wunderbare (etwa im Märchen) die Erzählrealität selbst darstellt und in keinem Widerspruch zu ihr steht. Andere Definitionen setzen das *Fantastische* mit dem Wunderbaren gleich. In diesem weiteren Sinne bezeichnet es allgemein Phänomene des Übernatürlichen.
GOLDENES ZEITALTER	Das *goldene Zeitalter* ist ein Begriff aus der griechischen Mythologie und bezeichnet einen Idealzustand der Menschheit vor der Entstehung der Zivilisation. Er ist vergleichbar mit dem Paradies im christlichen Glauben. Im *goldnen Topf* steht Atlantis für diesen verlorenen Urzustand, der wieder erreicht werden soll. Man spricht auch von einem triadischen Geschichtsmodell, da es von einem Dreischritt ausgeht (Verlust des goldenen Zeitalters – Zustand der Entfremdung und Sehnsucht nach Vergangenem – Rückkehr bzw. Wiedergewinnung des Ideals).
IRONIE	*Ironie* ist ein grundlegendes Stilmittel der poetischen Reflexion in der Romantik. Indem Dichtung sich selbst, ihre Entstehungsbedingungen und Regeln thematisiert oder den Leser direkt anspricht, wird dieser aus seiner Illusion gerissen und erkennt in der Geschichte etwas Gemachtes, künstlerisch Gestaltetes. *Ironie* ist der Modus von Behauptung und Gegenrede in einem. Damit wird jegliche Einseitigkeit relativiert und ein Schwebezustand zwischen Illusion und Desillusionierung erreicht.
KÜNSTLERTUM	Der *romantische Künstler* ist meist Außenseiter, das heißt, er steht im Gegensatz zur bürgerlichen Gesellschaft. Diese begreift ihn nicht. Das Außenseitertum kann sich sowohl auf sein Werk beziehen, das gesellschaftlich abgelehnt wird, oder aber auch in der Lebensweise des *Künstlers* selbst begründet sein. Beides führt oftmals zu Armut, Einsamkeit, Wahnsinn oder gar Selbstmord.

MUSIK	Musik wurde von E.T.A. Hoffmann als „romantischste aller Künste" gepriesen, da sie dem Menschen „ein unbekanntes Reich" eröffne und somit das ideale Medium sei, um in für Sprache unzugängliche Bereiche vorzustoßen und das Unaussprechliche zu erahnen. Diese Aufwertung der Musik korrespondiert mit dem romantischen Wunsch, durch die Kunst die ursprünglichen Zusammenhänge zwischen Mensch und Natur, also das Absolute, erfahrbar zu machen. Bezeichnenderweise kämpft der Kapellmeister Kreisler, Hoffmanns fiktive Figur, gegen die Herabwürdigung von Musik zu reinen Unterhaltungszwecken und für eine dienende Hingabe gegenüber der Musik.
NACHT	Nacht ist die Tageszeit, in der der Mensch besonders empfänglich ist für die Geheimnisse der Natur und des Universums. Man nimmt mit seinen Empfindungen und Gefühlen (die Romantiker sprechen von „Ahndungen") wahr, während die von der Aufklärung propagierte Vernunft schweigt. Allerdings lauern hier auch Dämonisches und Unheimliches – diese Nachtseiten stellen oft Projektionsflächen für innere, seelische Zustände dar. In den Schrecken äußern sich dann unbewusste Ängste und Begierden.
PHILISTER	Auch Spießbürger genannt. Er verkörpert den Gegensatz zum Künstler: normal, bieder, angepasst, engstirnig. Der *Philister* mag keine Überraschungen. Er ist stets auf seinen Status und seine Außenwirkung bedacht. Mit Vernunft und Alltagsritualen kultiviert er Normalität und Langeweile. Gesellschaftliches Ansehen und berufliche Stellung genießen oberste Priorität.
ROMANTISCH	*Romantik* und Roman haben die gleiche Sprachwurzel. Bis Mitte des 18. Jahrhunderts wurde der Begriff negativ im Sinne von „romanhaft", das heißt einer unwahrscheinlichen, unglaubwürdigen und übertreibenden Erzählhaltung verwendet. Mit der positiven Aufwertung der Gattung Roman bezeichnet *romantisch* nun alles, was im Sinne von „fantastisch" und „wunderbar" eine Distanz zum Alltäglichen einerseits sowie zur Ordnung der klassischen Kunstauffassung andererseits schafft. Das gilt auch für andere Kunstbereiche wie Musik und Malerei.

SEHNSUCHT	*Sehnsucht* spielt in der Romantik eine zentrale Rolle. Sie stellt ein Entrücken dar, und zwar aus der als begrenzt und unbefriedigend empfundenen Realität. Da sie auf Entgrenzung zielt, auf das Unendliche, kann sie nicht befriedigt werden, sondern bleibt eine unabschließbare Suche. Hier geht es also nicht um das Nahe, sondern um das Ferne; nicht um das Gegenwärtige, sondern um das Vergangene oder Zukünftige; nicht um das Gewöhnliche, sondern um das Sonderbare; nicht um das Begreifbare, sondern um das Unbegreifliche; nicht um das Diesseitige, sondern um das Jenseitige; nicht um das Physische, sondern um das Imaginäre. Symbol der romantischen Sehnsucht ist die blaue Blume (nach Novalis' Roman *Heinrich von Ofterdingen*).
UNIVERSALPOESIE	Friedrich Schlegel prägte den Begriff von der *progressiven Universalpoesie*. Diese betrachtet das Kunstwerk nicht als abgeschlossen, sondern möchte alle Gattungen der Poesie miteinander verbinden und mit der Rhetorik und Philosophie in Berührung setzen. Zudem fordert sie eine gegenseitige Durchdringung von Leben und Poesie. Die romantische Poesie ist aber immer auch Kunst und Reflexion über Kunst in einem. In diesem Sinne ist romantische Poesie stets im Werden begriffen, zielt in Richtung Unendlichkeit. Die Vollendung ist als Ideal in der Realität nicht erreichbar.
URSPRACHE	Bezeichnet die Idee einer allen Sprachen zugrundeliegenden gemeinsamen göttlichen Sprache. In der Romantik wird die *Ursprache* meist naturphilosophisch gedeutet. Gotthilf Heinrich Schubert etwa spricht von einer unbewussten Seelensprache, die sich uns im Traum offenbart.
WAHNSINN	*Wahnsinn* bedeutet Außer-sich-Sein sowie den größtmöglichen Kontrast zur konventionellen Existenz des Philisters. Hier triumphieren die Nachtseiten der Psyche über die von der Aufklärung geforderte Vernunftorientierung. Gerade in Texten von E.T.A. Hoffmann zerbrechen oft sensible Künstler seelisch an der Spannung zwischen ihrem überreichen Innenleben und den äußeren Zwängen bzw. der Engstirnigkeit der Gesellschaft.

Anmerkungen

1 Zitiert nach: E.T.A. Hoffmann: Fantasiestücke in Callot's Manier. Werke. Hrsg. Hartmut Steinecke unter Mitarbeit von Gerhard Allroggen und Wulf Segebrecht. Frankfurt am Main 2006, S. 777.
2 Zitiert nach: Novalis. Werke in einem Band. Hrsg. Hans-Joachim Mähl und Richard Samuel, München 1995, S. 668.
3 Zitiert nach: Heinrich Heine: Briefe aus Berlin. In: Sämtliche Schriften, Hrsg. Klaus Briegleb, Bd. 2, München 1997, S. 66.
4 Zitiert nach: Heinrich Heine: Romantische Schule. In: Sämtliche Schriften, Hrsg. Klaus Briegleb, Bd. 3, München 1997, S. 441.
5 Zitiert nach: Johann Peter Eckermann: Gespräche mit Goethe in den letzten Jahren seines Lebens. Berlin 2011, S. 324.
6 Zitiert nach: E.T.A. Hoffmann: Fantasiestücke in Callot''s Manier. Werke. Hrsg. Hartmut Steinecke unter Mitarbeit von Gerhard Allroggen und Wulf Segebrecht. Frankfurt am Main 2006, S. 761.
7 Zitiert nach: http://zs.thulb.uni-jena.de/receive/jportal_jparticle_00106759 (Stand 4. 9. 2016)
8 Zitiert nach: http://zs.thulb.uni-jena.de/receive/jportal_jparticle_00106759 (Stand 4. 9. 2016)
9 Zitiert nach: Friedrich Schnapp: E.T.A. Hoffmann in Aufzeichnungen seiner Freunde und Bekannten. München 1974, S. 744.
10 Zitiert nach: Thomas Mann: Der Kleiderschrank. In: Gesammelte Werke in dreizehn Bänden, Bd. 8, Frankfurt am Main 1990, S. 156.
11 Zitiert nach: Ricarda Huch: Die Romantik. Reinbek 1985, S. 528, 541.